普 天 之 下 ・ 盡 是 好 書

普天出版家族
Popular Press Family

凌雲文創
A-Plus Creative Company

Be Human
by Wisdom

Thick Black Theory is a philosophical treatise written by Li Zongwu,
a disgruntled politician and scholar born at the end of Qing dynasty.
It was published in China in 1911, the year of the Xinhai revolution,
when the Qing dynasty was overthrown.

做人多用心

掌握說話訣竅 事情才會辦得更好

做事更順心

說話辦事篇

斯賓塞曾經寫道：

「我們都很討厭見風轉舵，風吹兩面倒的騎牆派，但是我們卻很喜歡八面玲瓏，說話辦事能面面俱到的人。」

其實，這就是人性最矛盾的所在，因爲「見風轉舵」和「面面俱到」，嚴格講起來是同一種行爲，只不過「面面俱到」的人，見風轉舵的動作比較細膩，懂得在什麼時候該做什麼事，在什麼人面前該說什麼話。

Thick Black Theory is a philosophical treatise written by Li Zongwu,
a disgruntled politician and scholar born at the end of Qing dynasty.
It was published in China in 1911, the year of the Xinhai revolution,
when the Qing dynasty was overthrown.

左逢源 編

【出版序】

和別人打交道，要掌握說話辦事技巧

懂得如何說話辦事是絕大多數成功人士的兩大資本，想打開人生的僵局，想開創前程遠景，你就必須成為一名說話的高手，辦事的專家。

法國哲學家拉布呂耶爾說：「有時候，談話的妙處並不在於表達自己的想法，而是在引發別人的想法，讓他主動接受自己的觀點。」

深諳說話的藝術，人與人之間就可以在融洽愉悅的氣氛中，交流彼此的想法和看法。有時候，你和對方並沒有交集，但是，透過巧妙的說話技巧，卻可以讓彼此敞開胸懷，順利達成自己的目的。

想提昇自己的競爭力，和別人打交道，一定要掌握說話辦事的訣竅。

說話是一門技巧性很強的應對藝術，直接影響一個人辦事的成功率。也許，你對這種說法不屑一顧，甚至認爲有些可笑。事實上，你會這麼認爲，是因爲你尚未眞正悟透說話的奧妙。

美國加利福尼亞大學羅伯爾克在《說話的九大力量》一書中說：「說話看起來輕而易舉，就是要把自己要說的意思表達給對方即可。這是絕大多數人的觀點，當然也是一種淺薄的觀點。我只想問這些人一個問題，為什麼有人在應聘的時候，能夠巧妙展現自己說話的藝術，一下子就勾住老闆的心？為什麼有人應答起來張口結舌，像松鼠一樣顫抖，給老闆留下能力極弱的感覺？很顯然，說話起了關鍵性的作用。」

通用公司前總裁傑克．威爾許有一句名言：「員工的說話能力，是素質高低的試金石。」

威爾許歷練豐富、閱人無數，會這麼說，自然有一番道理。因爲，他知道最高明的說話高手深諳把自己心中的話變爲成功的因子。

說話是聰明人的成功學問。例如，戰國時期「名嘴」張儀和蘇秦就是靠高妙的說話藝術打出了「合縱連橫」的戰術，諸葛亮「舌戰群儒」更是說話的千古一絕的精彩案例。

再如第二次世界大戰時「鐵腕英雄」丘吉爾面臨德軍的強力擠壓，盪氣迴腸的演講激發了英國人民的豪情鬥志，彷彿倫敦整個上空迴盪著「永不放棄，永不放棄，永不放棄……」的戰鬥鼓聲。

試想一下，如果欠缺絕妙的說話藝術，他們豈能成就大事？

本書的特點是：

- 把自己變成一個善於說話的聰明人，用最巧妙的語言，把話說到對方的心裡，為自己順利鑿開一條成功通道。
- 學會臨機應變，把不好說出口的話，透過迂迴戰術，滲透對方的心裡。
- 學會讚美和傾聽，滿足對方的說話慾望，然後再抓住時機，設計地佈置出幾條可行的套路。

總之，會說話辦事的人知道什麼時候該說什麼，不該說什麼，知道在什麼時候該做什麼，不該做什麼。這些看似尋常，實則蘊含著大智慧、大學問。想要在現實社會中成功，不能光靠埋頭苦幹，還要靠說話的技巧、辦事的能力。

爲什麼對很多人來說，說話和辦事成爲頭等的難題，一張口就會不知所云，一動手就會亂陣腳，導致人際關係不佳？

關鍵就在於，他們沒有把說話與辦事當成一門學問認眞對待，不多加學習，自然難以心想事成。

懂得如何說話辦事是絕大多數成功人士的兩大資本，也是他們成功的跳板。想打開人生的僵局，想開創前程遠景，你就必須成爲一名說話的高手，辦事的專家，讓自己成爲受人歡迎的人！

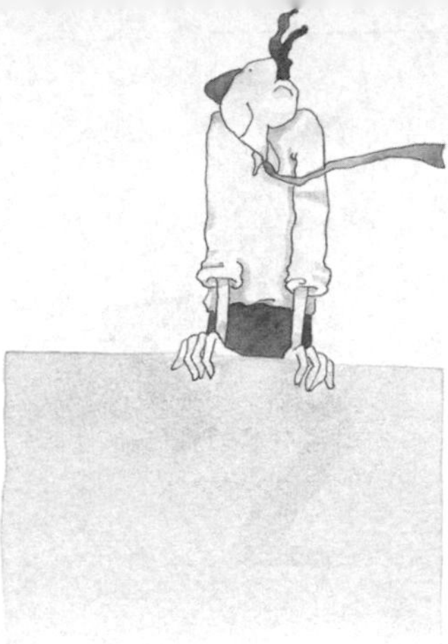

02. 用恰當的方式，讓對方改變態度

面對別人的冷遇時們必須冷靜地思考，弄清問題的真正原因，這樣才能採取靈活的相應對策，讓對方改善態度。

03. 坦然面對，問題才會解決

無論在商場還是談判席上，普遍適用的不變法則，就是面對抱怨時，絕對不可逃避，唯有坦然面對，才是解決之道。

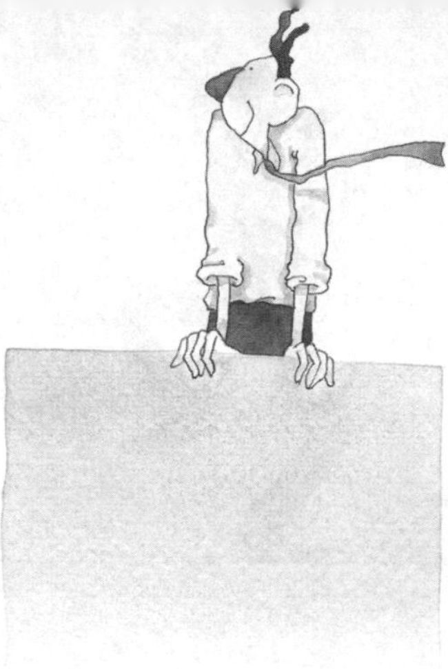

04. 循循善誘勝過苦苦哀求

苦口婆心勸說對方，他也許不願意領情；透過循循善誘，或許他反而會心甘情願乖乖地為你辦事。

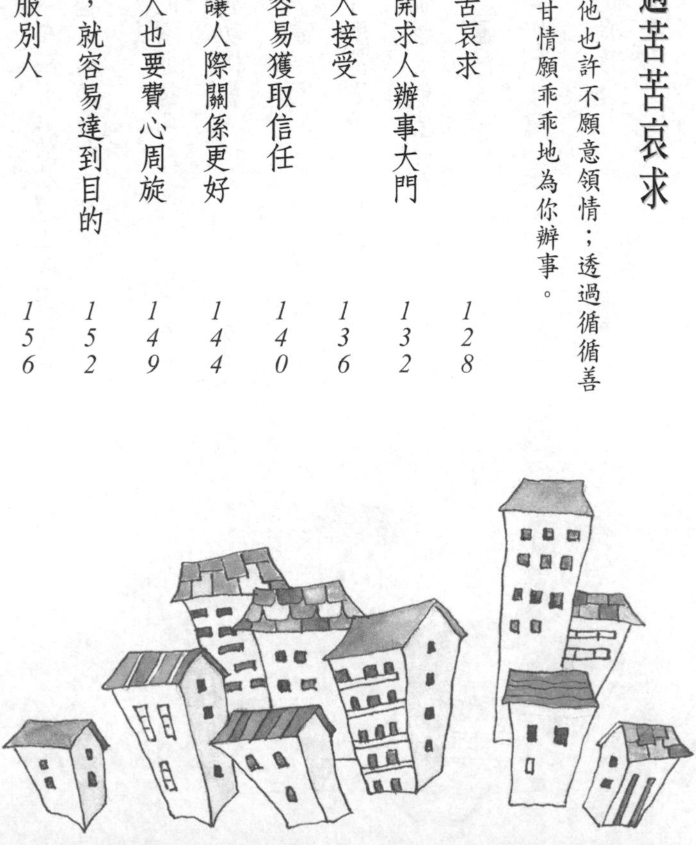

05. 微笑，是最有效的溝通技巧

社交活動中，微笑是一項極有效的技巧，更是禮貌的體現，可以表現出一個人的涵養和水準。

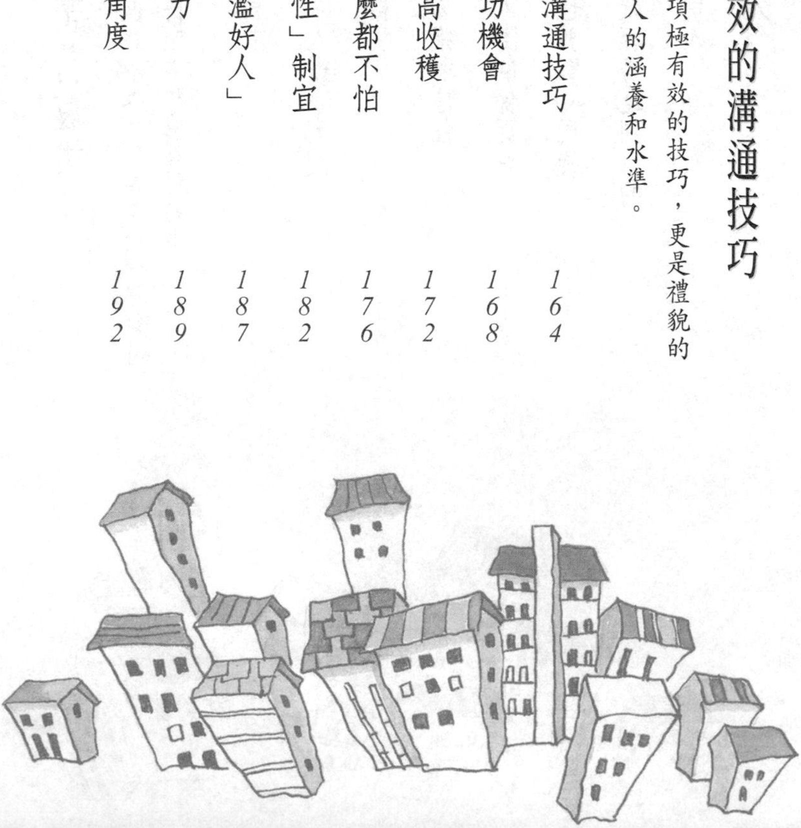

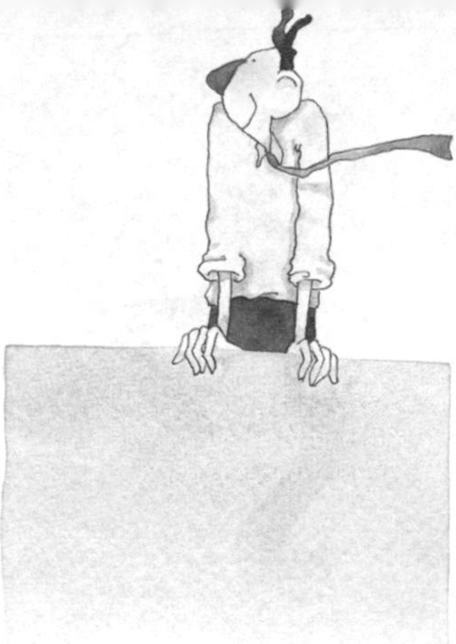

06. 保持冷靜是解決糾紛的最好途徑

身為下屬，必須謹記一件事情：無論如何，都要讓自己保持冷靜，同時做好自己該做的事。

07. 相互尊重，有利於溝通

人與人之間的溝通交流都是相互的，投之以桃，才能報之以李。要想贏得真正的友誼，首先要懂得寬以待人的道理。

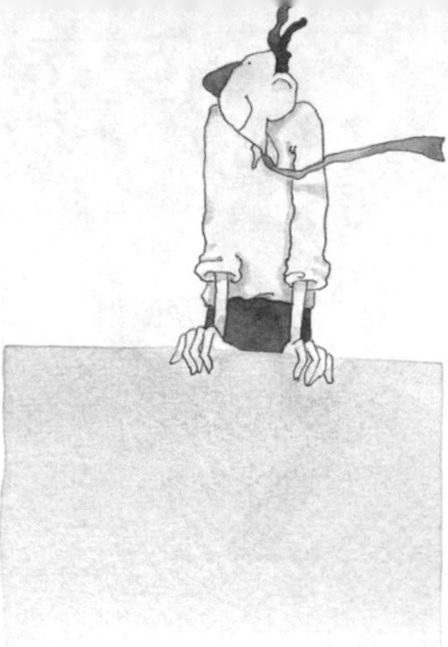

08. 笑臉迎人，勝算更多好幾分

溝通中如果少了微笑，言語將顯得黯然無味，倘若少了和氣，交流也無法進行下去。

09. 適當的讚美助你事半功倍

當對方犯了錯誤，不要毫不留情的給予指責，最好的溝通方式是透過讚美先緩和關係，然後再給予適當責備。

10. 揣摩心意，就能讓對方同意

被說服者會感到憂慮，主要是擔心「同意」之後就會產生意想不到的後果。如果能夠洞悉他們的心態，並加以疏導，成功率就會大大提升。

PART

1

讓你的話語充滿滲透力

恰到好處地使用說話語氣，不僅能充分地表達說話者的意思和情感，而且還能使話語充滿感染力、滲透力。

風度，代表為人處世的態度

風度不還代表了一個人為人處世的態度。想要與人交涉、溝通圓滿順利，那就必須隨時都表現出謙虛恭謹的態度。

德國心理學家馬克．拉莫斯曾經提醒我們：「不管贊成或者反對某件事，兩種意見總是會有大量的理由。語言的藝術就在於如何充分地表達，但是百分之九十九的人，卻經常忽略說話的重要性。」

每個人價值觀念不同，行事風格大異其趣，說話的方式也不盡相同，因此和別人交道時應當察言觀色，對不同的人應當採取不同的說話方式，並且時時注意變換談話的內容，如此方能建立起更和諧、更廣泛的人際關係。

語言是溝通彼此意見的工具，如能妥善運用，使雙方都能在隨和親切的情況下進行交涉，它就成爲你事業及生活上的利器了。

一個擅於會話的人，多半也是一位成功的交涉者。

日本著名作家多湖輝在《言詞的用法》裡面，曾提到有效發揮「語言的力量」的方法：

- 發言、發音力求清晰，要做到這點，就必須儘量張大嘴巴說話。
- 要使用大眾普遍能理解的言詞，這是和對方交談應具備的常識。
- 說話要有分寸，要區別在什麼場合，該說什麼樣的話。
- 要留心自己說話的毛病，避免使用口頭禪。
- 對於言詞運用要準確，力求平順、切題。
- 要懂得說話的技巧，不說模稜兩可的話，而應研究如何以有限的詞語，表達無限的意念。
- 要有豐富的聯想力，讓說話更添風采。

- 要懂得灑脫和幽默，這是增進友誼的靈藥。
- 要培養多種興趣，假如你在意人與人的交往，就應表現出事事關心的態度，並做一個有愛心、有趣味的人。
- 要誠心誠意，要用心去與人溝通、交往，倘若不能做到這點，一切交涉均屬枉然。

要想成爲一個善於會話、交涉的人，必須懂得用謙恭的態度對人，只有這樣才能表現出自己的風度和良好的品格。

在談話之中，要隨時注意在適當的時機、地點，表達出適當的言詞。一位電視新聞節目主持人曾說：在日常生活中，千萬不要忘了說「謝謝」這兩個字，因爲一個人的風度，往往就在不經意的禮貌中顯現出來。

風度不僅僅是語言的表現，還代表了一個人爲人處世的態度。想要與人交涉、溝通圓滿順利，那就必須隨時都表現出謙虛恭謹的態度。

如何提高自己的說話技巧？

想要提高自己說話的技巧，除了不斷吸收新知外，就是要多多與人交談，這樣才能從中獲得經驗，讓自己說得更有藝術。

每一次談話，無論內容如何瑣碎，都要掌握重點，這也是談話的目的。

掌握重點能夠促進你和對方的關係，你必須使對方知道你是一個有思想、有觀點的人，絕非說話拉拉雜雜、毫無重點，因爲無聊、空洞的會話，絕不能使對方對你留下良好的印象。

如果你具有豐富的知識常識，交談之時便可以拿出來當做談資。一個時常參與社交活動的人，當然會與他人頻繁地發生接觸，對於形形色色的世界，自己應當努力去獲取各方面的知識、常識。

怎樣才能得到這些知識、常識，以便在談話之時運用，對彼此有所幫助呢？最好方法，便是每天瀏覽新聞，隨時留意國內外發生的大事。此外，還有個方法便是時常和人談話。

當你閒來無事時可以和別人談談天，交談次數愈多，不單腦子裡可以貯藏更多知識、常識，當成下次談話的資料，而且也可以訓練你開口說話，談話的技術也會更加熟練。

世界著名的談話藝術專家卻司脫·費爾特，曾經教人談話時應該注意下列一些問題。

・你應該時常說話，但不必說得太長。儘量少敘述冗長的故事，就算要說，也必須貼切而簡要。

・和人談話之時，要注意到態度。不要拉住別人的衣袖，手腳亂劃地講話，態度要和順一些，切忌妄自尊大，要避免和對方爭論。

・談話時不要做自我宣傳，把自己捧上天。外表應該坦白而率直，內心應該謹慎而仔細。

- 談話的時候，姿態可以表現你的誠意，所以要正面向著對方，不要隨隨便便，也不要模仿他。
- 談話之時開口賭咒，閉口發毒誓，是既壞又蠢而且粗鄙的事。
- 高聲哄笑，是文化素養不高的表現。此外，沒有再比咬耳朵，像蚊蟲叫似的談話態度更叫人難受的了！

這位談話藝術專家所列的各條教育人家的談話藝術，值得我們參考。

不管什麼性質的談話，必須記住，千萬不可說到會觸怒他人的話題。在你面前聽你談話的人，同時也是觀察者，一定會從談話中窺測你的個性，同時也在留意你日後是否會說他的壞話！

想要提高自己說話的技巧，除了不斷吸收新知外，就是要多多與人交談，這樣才能從中獲得經驗，讓自己說得更有藝術。

嚴守分際，才不誤入雷區

人際交往中，除適時地展現自己的優點與長處外，更重要的是嚴守分寸，如此才能避免踏入誤區。

有的人口齒伶俐，在交際場上口若懸河、滔滔不絕，這固然是不少人嚮往的，但是，假若口無遮攔，說錯了話，說漏了嘴，因言行不慎而讓別人下不了台，或把事情搞糟，也是不禮貌的，也是不明智的。

因此，在與人交談時必須注意幾個要點：

• **避免當眾揭對方的隱私和錯處**

有人喜歡當眾談及對方隱私、錯誤，這是最應當避免的壞習慣。

心理學研究顯示，誰都不願讓自己的錯誤或隱私在公眾面前曝光，一旦被人揭露，就會感到難堪而惱怒。因此，交談時，應儘量避免觸及這些敏感區，以免使對方當眾出醜。

必要時可以採用委婉的話語，暗示對方你已知道他的錯處或隱私，讓他感到壓力，但不必把話說明。知趣的、會權衡的人只須「點到即止」，自然會顧全自己的顏面而退讓。

當面揭短，讓對方出醜，是非常不智的行爲，這可能會使對方惱羞成怒，出現很難堪的局面。

●避免故意渲染和張揚對方的失誤

在交際場合，常會碰到這類情況，有人講了一句外行話，念錯了一個字，搞錯了一個人的名字，被人搶白了兩句……等等。

發生這種情況，對方必然十分尷尬，深怕更多人知道。一般說來，只要這種失誤無關大局，就不必大加張揚，故意搞得人人皆知，更不要抱著幸災樂禍的態度，

拿人家的失誤來做取笑的材料。

這樣做不僅對自己無益，也會傷害對方的自尊心，說不定因此結下怨敵。同時，這也有損你自己的形象，人們會認爲你是個刻薄饒舌、喜歡落井下石的人，會對你反感、產生戒心，敬而遠之。所以，渲染他人的失誤，實在是一件損人而又不利己的事。

●避免不給人留餘地

在社交場合，有時會有一些競爭性的活動，比如下棋、乒乓球賽等，儘管只是一些娛樂性活動，但人的競爭心理總是希望自己贏得勝利。一些「棋迷」、「球迷」更是如此，常常忘了這些活動只是娛樂。

深諳社交法則的人，在自己取勝把握比較大的情況下，往往不會讓對方輸得太慘，而是適度給對方留點面子，讓他也贏個一兩局。尤其在對方是老人、長輩的情況下，你若讓對方狼狽不堪，有時還可能引來意想不到的後果，造成無法收拾的場面。

既然是交流感情、增進友誼的活動，又何必釀成不愉快的局面呢？

在其他的事情上也一樣，集體活動中，獨領風騷的行爲是不利於人際交往的。你固然多才多藝，但也要給別人一點表現自己的機會；你縱使足智多謀，也不妨徵求一下別人的意見。

• 避免參與對方的決策

在社交場合，如果見到幾個人湊在一起密謀事項，最好避開，你若是發表意見、議論，這種情況是很危險的。

因爲這麼一來，你或許會因多說幾句而成了他們的同夥。你縱然能謹守秘密，但消息一走漏，對方必然會懷疑是你洩的密，令你無法辯白。

所以，涉及某些密謀和計劃，你最好裝聾作啞。千萬不要試圖去打探、參與，也不要評說，免得惹來一身腥。

• 避免交淺言深

人際交往中，我們有時結識了新朋友，即使你對他有一定好感，但畢竟是初交，缺乏更深切的瞭解，不宜交淺言深，也不要輕易爲對方出主意。

因爲，你的熱心很可能落得「出力不討好」。

對方若是按照你的主意去做，卻行不通，很可能以爲你在捉弄他，因而怪罪你，即使行之有效，他也不一定會感激你。除非是好朋友，否則不宜說深入的話題。

• 不要奪人功勞

對方若自視甚高、躊躇滿志，也確實有一些能力，深恐功勞被你搶去，這時你講話要注意，一定要當他的面宣揚他的功勞，表明你並無搶功的意思，令他放心。這樣表態，對方就不會因防範而找你碴了。

• 不要強人所難

有些事情，對方認爲不能做，但你認爲應該做；或者對方箭在弦上，不得不發，你卻認爲不該做，或做不了。這種時候，你不要把自己的意見強加於人。強人所難，是不禮貌，也是不明智的。

● 避免說話不看時機

有的人說話時無視旁人、滔滔不絕，不看別人臉色，不看時機場合，只管滿足自己的表現慾，這是修養不佳的表現。說話應注意對方的反應，不斷調整自己的情緒和講話內容，使談話更有意思，更爲融洽。

在人際交往中，除適時展現自己的優點與長處外，更重要的是嚴守分際，如此才能避免踏入雷區。

真心聆聽，才能獲得信任

傾聽的原則最主要在於真心與耐心，並適時地進行鼓勵和反饋，唯有真心誠意地傾聽對方的談話，才可得到對方的信任。

英國作家斯威夫特說：「在交談當中，有的人用些陳腔濫調折磨著每一個賓客，不讓自己的舌頭休息片刻，卻自以為是學識淵博。」

不尊重別人感受與立場的人，不管擁有如何高深的學識，最終只會引起別人的討厭與嫌惡，很難達到有效溝通的目的。

說話辦事之時，態度要不卑不亢，在論述自己意見的同時，如果能同時運用傾聽的技巧，流露出尊重對方立場的態度，無形之中就會讓彼此的交流愈來愈順暢。

• 真心願意聽，並集中注意力

如果你沒有時間，或因別的原因不想傾聽某人談話時，最好是客氣地提出來：「對不起，我很想聽你說，但我今天還有其他事必須完成。」

如果你不是眞心願意聽卻勉強應付，或裝著傾聽，有可能會不自覺地開小差，對方會對你的心不在焉產生不滿。設身處地想想，對一個漠視你談話又勉強應付的人，你的感覺會如何？

傾聽別人說話可能會耽誤一些時間，但傾聽對自己和對方都有好處，如果時間允許，那就專心傾聽他人談話，對增進彼此的情誼會有很大助益。只要眞心眞意，就能集中注意力。

• 要有耐心

要等待或鼓勵說話者把話說完，這是傾聽的前提。

有些人語言表達能力不好，說話可能會有些零散或混亂，但你要有足夠的耐心，讓對方把事情說清楚。

如果聽到不能接受的觀點，甚至某些傷感情的話，也不必急忙打斷，應該耐心聽完。你不一定要同意對方的觀點，但可表示理解。

一定要想辦法讓說話的人把話說完，否則無法達到傾聽的目的。

・避免某些不良的習慣

隨便插話打岔、改變說話者的思路和話題、任意評論和表態、把話題拉到自己的事情上來、一心二用做其他事……等等，這些都是常見的不良習慣，會讓人留下不良印象。

聽別人說話之時，這些壞習慣應該避免出現，要把注意力集中在傾聽、理解對方所說的話上，迴避一些不利傾聽的習慣。

・適時進行鼓勵和表示理解

傾聽一般以安靜細聽爲主，臉向著說話者，眼睛看著對方的眼睛或手勢，以身體輔助語言。同時，必須用簡短的語言如「對」、「是的」等，或點頭微笑進行適時的鼓勵，表示你的理解或共鳴，讓對方知道，你在認眞地聽，並且聽懂了。

如果沒聽懂，可以要求對方重複一遍，或解釋一下，這樣說話的人就能順利地把話說下去。

・適時做出反饋

當說話者的話告一段落時，你可以做出聽懂對方話語的反饋。準確的反饋對說話者會有極大的鼓舞，比如：「你剛才的意思是……」、「你的話是不是可以這樣來概括……」等等。

傾聽的原則最重要在於眞心與耐心，並適時進行鼓勵和反饋，唯有眞心誠意地傾聽對方談話，才可得到對方的信任。

透過表情打動對方的心

微笑是待人友好的表露，無論進行什麼形式的溝通，首先要打動對方的心，所有表情當中最能贏得人心的就是微笑。

美國心理學家艾帕爾．梅拉別思曾總結出這樣的公式：「情感表達是七％的言詞，加三十八％的語調，再加上五十五％的面部表情。」

表情語言是透過面部表情來交流思想感情、傳遞訊息的語言，它是肢體語言中最重要的一種。

有人統計，在人類的肢體語言中，表情語言就佔了三十五．七％。

其中，光眉毛的動作表情就有二十餘種：皺眉表示爲難，橫眉表示輕蔑，揚眉表示喜悅，展眉表示寬慰，擠眉表示戲謔，低眉表示順從，鎖眉表示憂愁，喜眉表示歡愉，飛眉表示興奮，豎眉表示憤怒……等等。

嘴唇的表情性也極其豐富：撇嘴表示不願，噘嘴表示不快，抿嘴表示害臊，舒嘴表示放鬆，咧嘴表示不高興，歪嘴表示不服等。

正因為面部表情能如此靈敏、細膩、微妙地表達人們內心極其複雜的情感，因此法國作家羅曼．羅蘭強調指出：「面部表情是多少世紀培養成功的語言，是比嘴裡講的更複雜千百倍的語言。」

●微笑

微笑是面部略帶笑容，這是一種不出聲的笑，有著極其豐富的內涵。

培根有句名言：「含蓄的微笑，往往比口若懸河更為可貴。」

當你到商店購物時，希望服務人員微笑服務；當你拜訪客戶時，希望看到對方的笑臉；當你向上級彙報工作時，期待著上司滿意的微笑；當你回到家裡時，期望看到親人溫馨的微笑；當你工作上遇到困難、出了差錯時，又多麼希望獲得理解和諒解的微笑。

微笑是善意的標誌，可以柔克剛、溝通情感、融洽氣氛、緩解矛盾，爲說話、溝通打下良好的基礎。

活在商業社會，免不了要與各式各樣的人打交道，應該善於運用微笑這項「武器」來處理好人與人之間的關係。

發自內心的微笑是美好心靈的呈現，也是心地善良、待人友好的表露，是一個人文化、風度、涵養的具體體現。

試想，如果面部表情淡漠，或緊皺眉頭、鐵青著臉，或惡聲惡氣，又怎能與人溝通、辦好事情呢？

無論進行什麼形式的溝通，首先要打動對方的心，所有表情當中最能贏得人心的就是微笑。平日在運用微笑傳情達意時，一要真誠自然，二要適度得體，千萬不可皮笑肉不笑、虛情假意地笑。硬「擠」出來的笑，只會令人反感、不舒服！

• 眼神

在面部表情中，最生動、最複雜、最微妙，也最富有表現力的，莫若眼神了。

眼神是運用眼睛來表達感情、傳遞訊息的無聲語言。如果說臉孔是「心靈的鏡子」，那麼，眼睛就是「心靈的窗戶」了。

在肢體語言中，眼睛最能傾訴感情、溝通心靈。眼神千變萬化，表露著豐富多彩的內心世界。

與人交談時，正視對方，表明對對方的尊重；斜視對方，表明對對方的蔑視。看的次數多，表明對對方的好感和重視；看的次數很少或不屑一顧，表明對對方的反感和輕視。

眼睛眨動的次數多，表示喜悅和歡快，也可表示疑問或生氣；眼神眨動的次數少甚至凝視不動，表示驚奇、恐懼和憂傷。

如果不敢直視對方，可能是因為害羞，也可能有什麼事不願讓對方知道。如果懷有敵意的雙方互相緊盯著，其中一方突然把眼光移向別處，則意味著退縮和膽怯。

如果有一方不停地轉動著眼球，這就要提防他打什麼新主意或壞主意。如果是頻繁而急促地眨眼，也許是表示羞愧、內疚，但也可能表明他在撒謊。

瞬息萬變的眼神，正是人們蘊藏於內心深處複雜思想和豐富感情的不自覺流露。

說話辦事時，如果能恰當地運用眼神，可以增強有聲語言的表達效果。平日與人交往中，如果用眼神和對方交流，眼睛流露出熱情、眞誠的神色，就會使對方感到你對他的歡迎和尊重，認爲你是可信賴的人。

說話靈活，才能收到好效果

想鍛鍊卓越的語言技巧，必須對語言的感覺很有把握，必須要有豐富的辭彙和多變的音調，而且使用流暢、漂亮的用語，這樣才能表現出靈活的魅力。

良好的談吐可以助人成功，蹩腳的談吐則讓人處處碰壁。在日常生活中，我們可以看到，有的人口若懸河，有的人期期艾艾，有的人談吐雋永，有的人語言粗鄙，有的人唇槍舌劍，有的人講話不知所云……

人們的口語表達能力有高低之分，說話的效果也天差地別的。因此，想要成爲說話高手，就必須先把握其中奧秘。

一個人的話語能不能被別人接受，取決於可信度，而要提高可信度，在形象上要做到衣著恰當、舉止大方、談吐自然得體、眼神專注、表情沉穩。

不同的人接受他人意見的方式和敏感度都不同。

一般來說，文化水準較高的人，不屑聽膚淺、通俗的話，應多用高雅的詞句。文化層次較低的人，聽不懂高深的理論，應多舉明顯的事例。

剛愎自用的人，不宜循循善誘，可以激他；喜歡誇大的人，不宜用平實的話語，不妨多加誘導。生性沉默的人，要多挑動他發言；脾氣急躁的人，用語要簡明快捷。思想頑固的人，要看準他的興趣點，進行轉化；情緒不穩定的人，要讓他恢復正常後才談。

只有知己知彼，才能對症下藥，收到最好的效果。

進行對話前，你有必要對下列問題仔細地考慮：你要對誰講？將要講什麼？爲什麼要講這些內容？怎麼講法？有什麼有利因素和不利因素？

有一次，美國前國務卿季辛吉對周恩來說：「我發現你們中國人走路都喜歡弓著背，而我們美國人走路大都挺著胸！這是為什麼？」

對季辛吉這句話首先要做出準確的判斷，是惡意，還是玩笑？

這不能說是友善的話語，但也沒有明顯的惡意，話語帶有調侃的色彩。所以，周恩來用調侃的口吻回答說：「這個好理解，我們中國人走上坡路，當然是弓著的；你們美國人在走下坡路，當然是挺著胸的。」說完，哈哈大笑。

周恩來的應變確實敏捷，分寸掌握得十分恰當，既有反唇相譏的意味，又帶有半開玩笑的情趣；既不影響談話的友好氣氛，又表現了自信，可謂恰如其分，表現了卓越的語言技巧。

想鍛鍊卓越的語言技巧，無論對象是男性還是女性，都必須對語言的感覺很有把握，必須要有豐富的辭彙和多變的音調，而且使用流暢、漂亮的用語，這樣才能表現出靈活的魅力。

言爲心聲，語言的使用，取決於說話者的思想水準、文化修養，但講究語言的藝術也同樣十分重要，因爲同樣一件事，從不同的人嘴裡說出，往往會收到不同的效果。

讓你的話語充滿滲透力

恰到好處地使用說話語氣，不僅能充分地表達說話者的意思和情感，而且還能使話語充滿感染力、滲透力。

說話是交流訊息、傳情達意的一個重要手段，至於聲音則是透過發音器官的有意識控制表現出來的。根據說話時用聲用氣的心理狀態及規律，我們可以把聲和氣簡單地分爲以下幾種類型。

• 和聲細氣

這種聲音和語氣宛如柔和的月光和涓涓的泉水，由人心底流出，不僅輕鬆自然、和藹親切、不緊不慢，還能給聽者舒適、安逸、細膩、親密、友好、溫馨的感覺。

人在請求、詢問、安慰、陳述意見時常使用這種聲音和語氣，這種聲和氣的運用更具有一種迷人的魅力。

•輕聲和氣

它可以表現說話者的尊敬、謙恭、謹慎和文雅。

和別人交談時，輕聲和氣可以縮短人與人之間的感情距離，拉近雙方之間的關係，有時還能避免一些可能會招致的麻煩。

•大聲吼氣

大聲吼氣可以表現說話者的英勇精神、堅強意志和剛毅決心。

此外，它還表示威脅、指責、氣怒、宣洩等意思，並且有著強化意識、渲染氣氛、深化表現力度等作用。

•高聲大氣

這是一種用來召喚、鼓動、說理、強調和表達自己激動心情的聲和氣，可以表現說話者的激情和粗獷豪放的氣質。

雖然高聲大氣和大聲吼氣都屬於高音頻和高調値，但是，它和大聲吼氣卻有所不同，通常是用來表示極度的歡喜或慷慨激昂。

・粗聲粗氣

日常工作和生活中，人難免會遇到一些麻煩或苦惱，粗聲粗氣地說話便成了一種自我排憂解愁的好方法。

不過，聽者習慣把粗聲粗氣與指責、反駁、訓斥、頂撞、反感、抱怨等內涵聯繫在一起。因此，情緒不佳時要提醒自己，不要使用這種方式說話。

・惡聲惡氣

世界雖然美好，但仍然有心術不善的人或令人深惡痛絕的事。用惡聲惡氣來斥責這些醜惡的人或事，可以表達警告、怒斥、敵視、憎恨、蔑視、制止等意思。此外，它還代表著說話者正在宣洩不滿和憤怒等情緒。

• 冷聲冷氣

由於某種特殊的原因，說話者不能或不便用惡聲惡氣公開表示自己和情感，便會用冷聲冷氣代替。冷聲冷氣除了可以間接地表達惡聲惡氣所表示的意思外，還表示厭惡、譏諷、挖苦、不願意、不贊成等意涵。

• 怪聲怪氣

人習慣把自己憎惡或討厭的人在說話時所使用的聲和氣看做是怪聲怪氣。因而，這種聲和氣常含有貶義。

不過，在有些場合，模仿自己憎惡或討厭的人的怪聲怪氣，倒能表示蔑視、憎惡等意思，產生挖苦、嘲諷等作用。

• 低聲下氣

說話者對有身分、有地位、有某種特殊背景，或是自己敬重的人說話時，爲了表示尊敬，會採用這種特殊的聲和氣。不過，頻繁使用會被看做是奴顏媚骨的表現。

•唉聲歎氣

人不時會遇到一些憂愁苦悶、不快或自己力不及的事情。唉聲歎氣是發洩說話者內心的苦悶和表示因自己無能而感到抱歉、追悔和內疚。

•怨聲怨氣

遇到不公正、令人不滿和不快的人或事情，很多人會在言語中表露埋怨、哀怨、不滿、不快等情緒。從某種角度來說，這也是一種發洩內心不快和自我安慰的方法。

•有聲無氣

在某些情況下，有的人說起話來有氣無力。這種說話方式表明說話者精神沮喪、意志消沉、心煩意亂、缺乏興趣或體力不濟。

・吞聲忍氣

這是一種有意識的吞音現象，通常表示說話者內疚、恐懼、慚愧、遺憾、無奈、懦弱等心理狀態和性格特徵。常言的「欲言又止」在一定程度上也屬於這種範疇。

・屏聲屏氣

由於某種特殊的原因，說話者無意識地暫時抑止聲和氣，或者有意識地閉住聲和氣，這樣往往能製造某種設想的說話效果，比如吸引、被吸引、尊敬、謹慎等等。

・泣聲悲氣

當說話者感到悲憤、蒼涼、傷感時，說起話來便會帶有無意識的泣聲悲氣。善於表演的人能藉此表現極度的哀傷，喚起聽者的憐憫和同情。這種聲和氣的最大特點就是氣多於聲。

不同的聲和氣表達著不同的意思，因此說話時，不僅要注重遣詞用字，更應該要選用好恰當的聲和氣。這一點十分重要，否則再美的詞語也會失去光彩，並很有可能引起對方的猜疑、妒忌、不滿、反駁、敵視、唾棄和嘲笑。

使用聲和氣的時候，還必須遵循下列幾項基本原則。

‧貼切語義

聲和氣所表示的特定意思是長期使用過程中逐步形成的，不能根據個人的好惡隨意地違背或者改變。

例如，我們不能大聲吼氣來抒發自己的柔情蜜意，不能用粗聲粗氣來稱讚別人，更不能用惡聲惡氣來表現激動的心情，否則就不能準確地表達本意，甚至還會招致麻煩和痛苦。只有遵循聲和氣的語義特點，選用恰當的聲和氣，才能準確地表達思想感情。

‧避免歧義

相同的詞語配上不同的聲和氣往往會產生不同的意思，這是語言的一種歧義現象。有些話粗聲粗氣說，表示反感、抱怨、指責；惡聲惡氣說，表示怒斥、憎恨、警告；陰聲陰氣說，表示詛咒；因此，要盡力避免可能出現的歧義現象。

• 區別對待

不能忽視說話對象的年齡、性別、社會地位、文化修養等因素，也不能不分使用的時間及場合。要根據說話對象和不同場合，選用不同的聲和氣。

恰到好處地使用說話語氣，不僅能充分表達說話者的意思和情感，而且還能使話語充滿感染力、滲透力。

要讓自己的話語生動有趣

生動的語言才能悅耳動聽，讓人有如沐春風的感覺，才能吸引到別人說話的興趣，平時一定要練習自己的說話技巧，才會更受喜愛。

有些人講話很容易給人生硬、僵化的印象，枯燥的語言、乾巴巴的語氣，最容易令人反感，也提不起別人說話的興趣。

因此，不論什麼形式的交談，都必須讓自己的話語生動有趣。

生動的語言具有下列幾個要素，能夠像和煦的春風一樣讓和你交談的人感到自然、親切。

第一，淺顯易懂

說話應該淺顯易懂，避免使用深奧難懂的詞彙和字眼。但口語化不等於不加選擇地使用日常用語，仍然要講求語言藝術和說話技巧，不要流於粗俗。

淺顯易懂並沒那麼容易做到，因爲要用大衆易於理解的語言表達出深刻的思想觀點、複雜的事件、重要的問題，沒有一定的語言功底是達不到的。

第二，樸實自然

一般人用耳朵接受訊息，往往不那麼全神貫注，如果拐彎抹角、賣弄文字遊戲，對方就會感到費解。樸實無華、自然順暢的話語才能使聽衆易於理解。

第三，簡短明晰

在一個句子中只表達一種意思或觀點，經由簡短的詞語組成的陳述句，最能夠達成溝通的效用。要盡可能減少混亂，清晰地敘述一件事，才能讓聽衆一聽即懂。

第四，多用雙音詞

單音詞只有一個音節，一閃即過，而雙音詞有兩個音節，音波存在時間長，能給人印象深一些。例如：把「曾」換成「曾經」，把「雖」換成「雖然」，把「乃」換成「就是」等。

第五，節奏感強

應該儘量使語言有節奏感，因爲節奏感強的語句會給人和諧的聽覺感受，容易記憶，也容易接受。

說話加強節奏感，聽衆也會跟著有精神、來情緒；如果說起話來慢條斯理，拖泥帶水，聽衆往往會產生疲倦的感覺，提不起精神，失去傾聽的耐心。

生動的語言才能悅耳動聽，讓人有如沐春風的感覺，才能吸引別人對話的興趣，平時一定要多加練習自己的說話技巧，才會更受喜愛。

PART

2

用恰當的方式，讓對方改變態度

面對別人的冷遇時們必須冷靜地思考，弄清問題的真正原因，這樣才能採取靈活的相應對策，讓對方改善態度。

用恰當的方式，讓對方改變態度

面對別人的冷遇時們必須冷靜地思考，弄清問題的真正原因，這樣才能採取靈活的相應對策，讓對方改善態度。

說話辦事之時，萬一備受冷遇，千萬不能灰心氣餒，而是要區別情況，弄清原委，再決定對策。

根據實際情況，可選用下列四種策略：

- 設身處地為別人著想

對於無意的冷遇，應該採取理解和寬容的態度。

在交際場合，有時出席的人多，主人難免照應不周，特別是各類、各層次人員同席時，出現顧此失彼的情形是常見的。這時，照顧不到的人就會產生被冷落的感覺。

當你遇到這種情況，千萬不要責怪對方，更不要拂袖而去。相反的，應設身處地爲對方想一想，給以充分的理解和體諒。

• 面對冷遇，不一定要針鋒相對

遇到故意的冷落要做具體分析，必要的情況下也可採取針鋒相對的手段，給予恰當的回擊。

當衆給來賓冷淡待遇是一種不禮貌行爲，在這種情況下，給以必要的回擊，既是維護自尊的需要，也是刺激對方、批判錯誤的正當行爲。

當然，回擊並不一定非得直接開罵不可，譏諷性幽默就是很好的方法。

有一天，納斯列金穿著舊衣服去參加宴會。他走進門之後，既沒有人理睬他，更沒人給他安排座位。

於是，他便回到家裡，把最好的衣服穿起來，又來到宴會上。這時，主人馬上走過來迎接等他，安排了一個好位子，為他擺了最好的菜。

納斯列金這時把外套脫下來，放在餐桌上說：「外衣，吃吧。」

主人感到奇怪，問道：「你這是幹什麼呢？」

納斯列金答道：「我在招待我的外衣吃東西。你們這些酒和菜，不是給衣服吃的嗎？」

主人的臉刷地紅了。

•抓住對方的要害

與高傲的人打交道最容易遭到冷遇，這時也可採取類似針鋒相對的方法，以不卑不亢的態度，直擊對方要害，打掉他賴以爲傲的資本。這時，對方會從自身的利益出發，放下架子，認眞地把你放在同等地位上交往。

有一次，美國石油大王洛克菲勒的兒子約翰·洛克菲勒，代表父親與鋼鐵大王摩根談判關於梅薩比礦區的買賣交易。

摩根是一個傲慢專橫的人，看到年僅二十七歲的小洛克菲勒走進他的辦公室，並不在意，繼續和一位同事談話。

直到有人通報介紹後，摩根才對小洛克菲勒瞪著眼睛大聲說：「喔，你們要什麼價錢？」

小洛克菲勒並沒有被摩根的盛氣凌人嚇倒，盯著他禮貌地答道：「摩根先生，我看你一定誤會了。不是我到這裡來求售，我的理解是你想要買。」

老摩根聽了年輕人的話，頓時目瞪口呆，沉默片刻，終於改變了聲調。最後，透過談判，摩根答應了洛克菲勒提出的售價。

在這次交鋒中，小洛克菲勒就是抓住了問題的關鍵，針對摩根急於要買下梅薩比礦區，直戳對方的要害，使對方意識到自己應該認真地對待。

• 面對冷遇滿不在乎

對有意冷落自己的行爲持滿不在乎的態度，有時也是一種有力的武器。對方之所以冷落你，就是要你產生被冷落的不舒服感受，如果你偏偏採取不在意的態度，坦然地面對，以有禮對無禮，也能迫使對方改善態度。

一個老太太看不上女兒的男朋友，每次見到他來，她都不愛搭理，還說些難聽的話。但女兒的男朋友並不計較，假裝沒聽見，照樣以笑臉相迎，彬彬有禮，該幫忙的工作照樣去做。

最後，他終於以自己的誠意使未來的岳母轉變了態度。

面對別人的冷遇，必須冷靜地思考，弄清問題的眞正原因，這樣才能採取靈活的相應對策。

過度指責，溝通更受挫折

過往的成功溝通經驗告訴我們：學會寬容和尊重，才能更和睦地與人相處，提升說話辦事的效率。

俗話說「一樣米養百樣人」，確實一點也沒錯。

有的人只相信自己，不相信別人，讓人避而遠之；有的人總喜歡嚴厲地責備他人，使對方產生怨恨，不知不覺讓溝通難以進行，事情也辦得一團糟。

這兩種待人處世的方式都不理想，因爲只有不夠聰明、不懂溝通的人，才動輒批評、指責和抱怨別人。

不妨檢討一下自己，是不是也有喜歡責備別人的毛病？

若身爲公司主管，分配下去的某件工作沒有做好，我們很可能不是積極地去尋找原因，研究對策，而是指責下屬：「你怎麼搞的？怎麼這麼笨？」

這種時候，下屬會有什麼反應？

他可能什麼也不說，但在內心會覺得你不近人情，從而導致怨恨產生。不快情緒日積月累，必會大大阻礙彼此的正向溝通互動。

有一則笑話是這樣說的：

這天，丈夫回到家，發現屋裡亂七八糟，到處是亂扔的玩具和衣服，廚房裡堆滿碗碟，桌上都是灰塵。

他覺得很奇怪，就問妻子：「發生什麼事了？」

妻子沒好氣地回答：「平日你一回到家，就皺著眉頭對我說：『這一整天妳都幹什麼了？』所以今天我就什麼都沒做。」

好指責就如同愛發誓，實在不是一種好習慣，會在傷害別人同時傷害自己，讓彼此都不好過。

接下來，讓我們看一些實際的例證。

一八六三年七月，蓋茨堡戰役展開。眼見敵方陷入了絕境，林肯下令要米地將軍立刻出擊。

但米地將軍遲疑不決，用盡各種藉口拒絕，結果讓敵軍順利逃跑了。

林肯聞訊勃然大怒，立刻寫了一封信給米地將軍，以非常強烈的措辭表達了自己的極端不滿。但出乎他人想像的是，這封信並沒有寄出去，林肯死後，人們在一堆文件中發現了這封信。

林肯爲什麼不將信寄出？

這是相當值得深思的問題。

也許林肯設身處地設想了米地將軍抗命的原因，也許他預想了米地將軍見到信後可能產生的反應，可能會憤怒地爲自己辯解，也可能會在氣憤之下乾脆離開軍隊；無論哪一種，都對大局無益。

木已成舟，把信寄出，除了使自己一時痛快以外，還有什麼好處呢？答案是顯而易見的。

不要指責他人，並不代表放棄必要的批評，而是要抱著尊重他人的態度，以對方能夠接受的方式表達意見。

曾有一家工廠的老闆，某天巡視廠區，正巧看到幾個工人躲在庫房吸煙。庫房是全面禁煙的，但這位老闆沒有馬上怒氣沖沖地責備工人說：「你們難道不識字，沒有看見禁止吸煙的牌子嗎？」而是稍冷靜了一下，接著掏出自己的煙盒，拿出煙給工人們說：「試試這個牌子的煙吧！如果你們能到屋子外去抽，我會非常感謝的。」

工人們一聽全都感到相當不好意思，紛紛掐滅了手中的煙。

我們喜歡責備他人，常常是爲了表現自己的高明，有時也帶有推卸責任的目的。這都是不對的，古人講「但責己，不責人」，就是要我們謙虛一些，嚴格要求自己一些，這只有好處，絕無壞處。

想責備別人的不是之前，請閉上嘴，對自己說：「看，壞毛病又來了！」這麼一個小動作，將可以幫助你逐漸改掉喜歡責備人的壞習慣。

尖銳的批評和攻擊，所得的效果必定是零，因爲你想指責或糾正的對象會爲自己辯解，甚至反過來攻擊你。

過往的成功溝通經驗告訴我們：學會寬容和尊重，才能更和睦地與人相處，提升說話辦事的效率。

學會利益均沾，做成大買賣

真正的成功者不僅僅靠財力取勝，更要透過高明的溝通交際手腕，運用語言的藝術，轉變對方的立場，從而獲得豐厚利潤。

說話辦事需要有效的溝通方式作爲基礎，若沒有好的溝通，再遠大的目標也只是空談。

鋼鐵大王安德魯·卡內基之所以取得成功，就是因爲他不僅領略到這一點，更將此引申到爲人處事上，於商場發揮得淋漓盡致。

身處瞬息萬變的商場，該如何做好交際呢？

不妨參考以下三點：

•良好的心理素質

商場交際過程中，難免會碰上一些令人感到尷尬、氣憤、興奮的事情，這時保持良好的心理素質就顯得極爲重要，因爲這可以直接體現出你的涵養、氣魄、度量，拉高印象分數，促成即將進行的交易。

•不要擺架子

不管權勢有多大、地位有多高，人與人都是平等的。擺出高高在上的樣子，無非爲自己的交涉、溝通設下無謂障礙。

•投之以桃，報之以李

只知道一味地獲取，也是在商場交際中的一大禁忌。切記，一定要先權衡雙方的利益關係，才能讓交際溝通發揮最好效果。要更進一步明白這個道理，讓我們再以鋼鐵大王安德魯·卡內基的成功經驗爲例。

在美國鋼鐵業界，安德魯．卡內基爲什麼能有如此輝煌的成就？答案可能相當出人意料，並不是他對鋼鐵的製造過程懂得多，事實上，他手下的好幾百人，對鋼鐵都堪稱爲行家。

他的過人之處，在於知道如何運用說話辦事技巧，鞏固人際關係，達成目標，這才是賴以獲致成功的最主要原因。

有一回，卡內基想要把鐵軌賣給賓夕法尼亞鐵路公司，便暗中進行情報蒐集，知道該公司當時的董事長是艾格．湯姆森後，便馬上做出決定：在匹茲堡建立一座巨大的鋼鐵廠，取名為「艾格．湯姆森鋼鐵廠」。

試想，當賓夕法尼亞鐵路公司需要鐵軌的時候，董事長艾格．湯姆森會向誰購買？

毫無疑問，當然選擇卡內基的公司。

關於卡內基的說話辦事智慧，還有另一則事例。

當時，卡內基所控制的中央交通公司和普爾曼控制的另一家公司，為取得太平洋聯合鐵路公司的生意而明爭暗鬥。為了拿下工程合約，雙方大打價格戰，幾乎已到了毫無利潤可言的地步。

一天晚上，卡內基和普爾曼同時前往太平洋聯合鐵路公司，準備和董事會開會。兩人碰面後，卡內基說：「晚安，普爾曼先生。您說，我們難道不是在出自己的洋相嗎？」

普爾曼感到相當疑惑，問道：「這句話怎麼講？」

於是，卡內基開始陳述起雙方惡性競爭的壞處，接著說出自己想要合併兩家公司的計劃，並把合作、互不競爭能夠得到的利益說得鉅細靡遺。

普爾曼聽得十分專注，沒有馬上表態，最後他問：「若是合併了，這個新公司叫什麼名字？」

卡內基立即回答：「當然叫普爾曼公司。」

普爾曼頓時對他的計劃產生了興趣，臉色一亮，說道：「這相當有意思，讓我們來進一步討論吧！」

毫無疑問，因爲有出色的溝通技巧搭起橋樑，這項計劃獲得了極大的成功，在工業史上將留下了輝煌的一頁。

由此，可以看出卡內基說話辦事的高超之處，可以在關鍵時刻主動與人溝通，將劣勢轉變爲優勢。

商業往來中，眞正的成功者，不僅僅靠財力取勝，更要透過高明的溝通交際手腕，運用語言的藝術，轉變對方的立場，從而獲得豐厚利潤。

懂得理解尊重，才是真正溝通

真正的友誼絕非矯揉造作的衍生物，而是發自兩顆真誠之心的相互溝通、相互交融。

朋友之間要保持良好長久的友誼，少不了相互的理解和尊重，能站在對方的立場上考慮問題，設身處地爲著想，才能培養出默契，積累深厚的感情。如果雙方都以自我爲中心，只知道爲自身著想，希望對方多爲自己付出，那麼這種朋友關係必然不會長久維持，溝通也無法順暢進行。

談話時，爲了有效參與討論，同時避免造成不快，首先，你要認眞地聆聽朋友們的想法和觀點，以此爲基礎，清楚地表達自己的觀點。此外，提問要適時酌情，

以便更妥切地瞭解對方。

朋友間以這種方式進行溝通，能夠形成彼此尊重的氛圍，溝通也會變得輕鬆且有意義。

與朋友溝通，切忌使用含糊不清的言辭，因爲可能讓對方在不知所云的狀況下產生誤解，無法準確理解你的眞實想法。要求自己做到言詞清晰，明確易懂地表達觀點，就能大大減少誤解。

另外，必須注意一種狀況：交談過程中，常常會產上一些意想不到的小摩擦，使你與朋友的關係出現緊張。

一旦出現這種情況，首先要告訴自己冷靜下來，找出眞正能解決問題的對策，做一個成熟的思考者。

適度降溫是必要的，應待雙方的情緒平息後，再心平氣和地進行溝通，請教對方爲什麼會得出與自己相異的觀點，進而從不同的角度分析問題、解決問題，化解歧見、凝聚共識，以維持彼此間的友誼。

即使是自己最親密的朋友，也一定要尊重對方，不要將個人愛好或習慣強加在對方身上。不但該嚴格要求自己，更要進一步體貼他人，明白朋友的爲人、性格和喜好，並在交往過程中尊重對方的個性與習慣，維護朋友的利益，對他做出的正確決定給予肯定。

如果朋友間彼此互不相讓，就不會出現有效的溝通。若只會說些諸如「你的做法很不對」、「爲什麼你連這也不懂」之類的刻薄話，必然導致彼此的關係慢慢疏遠，最後分道揚鑣。

互相尊重是展開良好溝通的前提，即便只是微不足道的小事，也不可以輕視，否則必將在無意中傷害朋友之間的感情。

能夠相互尊重，就能和諧愉快地相處，並長期保持友誼。

美國前總統羅斯福有一回聽說某個朋友的心愛之物被小偷偷走了，便寫信安慰他：「親愛的朋友，聽說有一隻蒼蠅順手拿走了一些你心愛的物品，我深表同情。」

羅斯福的朋友很快便回信了，寫道：「幸好他只偷了一些與我生命無關的東西，並沒有傷到我一根汗毛。同時值得慶幸的是，作賊的是他，而不是我。」

充分理解朋友的苦衷並以合適的話去安慰，任何時候都適用。真情的釋放讓他感到你在任何時候都會給予支援，與他同患難，心中自然產生感激之情。

和諧且長久的友誼關係，需要雙方用心去維護。眞正的友誼絕非矯揉造作的衍生物，而是發自兩顆眞誠之心的相互溝通、相互交融。

言語溫和勝過尖銳指責

人際相處，不可避免會有一些不愉快的事情發生，面對這種情況，要少些批評、多些理解，讓自己的溝通能力更上一層樓。

每個人都有失誤的時候，因此不要過度苛求。

批評他人，應講究說話的技巧，不能用譏諷、挖苦的態度應對，傷害對方的自尊心。以平和、溫和的態度去面對你的批評對象，剔除感情成分，將表情、態度、聲調加入到客觀的批評話語中，會產生較積極的效果。

對方有了缺點或犯下錯誤，如果一味橫加批評、講刺傷別人的話，或苛刻數落，例如：「你辦得怎麼這麼糟？」「做事爲什麼這樣不細心？你這樣對得起我嗎？」

等等，絕對不妥當。

絕大多數情況下，當一個人做錯事，內心會展開反省，覺得抱歉、恐慌、不知所措，此時如果再加以嚴厲批評指責，他極可能會因此感到羞愧難過，甚至從此一蹶不振，無法再樹立自信。

因此，不妨換一種語氣，以取得較好的效果。

你可以這麼說：「以後做事，自己可要多加注意了。」或者：「我想，下次你一定不會再犯類似的錯誤。」

如此一來，對方不僅會感激你對他的信任，同時會感受到你付出的眞誠，更重要的是有了改正錯誤的信心。懷著正向心態，在今後的工作、生活中，必能更加小心謹愼，不再犯同樣的錯誤，並且提醒自己留心以前不曾注意到的缺點、毛病，適時修正。

美國空軍有一位著名的飛行員，經常參加飛行表演。

有一次，他在聖地牙哥舉行表演後，返回洛杉磯駐地途中，飛機引擎突然熄火。雖然他憑著熟練的技術成功迫降，保住了性命，但飛機本身因此遭到嚴重損壞。

檢查結果，發現是燃料添加上出了問題。

回到機場後，他立刻找上了為座機服務的機械師。

對方是個年輕人，正為因疏忽犯下的過失感到苦惱，深深自責，因為自己不僅毀了一架造價非常昂貴的戰機，更差點使機上三人送了命。

但是，出乎意料的事情發生了——飛行員沒有怒氣衝衝地批評、指責這位機械師的失誤，而是上前摟著他的肩膀說：「為了表明我堅信你不會再這樣做，希望你以後繼續為我提供優質服務，如何？」

後來，這位機械師不但沒有再犯錯誤，而且表現得更加出色。

試想，如果當時飛行員劈頭蓋臉就給這位機械師一頓諷刺打擊，或是嚴厲的批評，不僅會大大地傷害對方的自尊心，還會使他變得更沮喪、自卑、畏首畏尾，甚至放棄本來可以做得很好的工作，也放棄了整個人生。

人際相處，不可避免會有一些不愉快的事情發生，面對這種情況，要慎用辭令，巧於交際，少些批評、多些理解，如此才能讓自己的溝通能力更上一層樓，更受人歡迎。

真誠的關心，什麼人都搞得定

人與人之間的關係是相互的，只要試著用心去關心別人，那麼即使是陌生人，也能夠成為朋友。

不管願不願意，每個人的一生都會面對許許多多的陌生人。

對於我們的親人、朋友付出關心並不困難，然而，要對陌生人付出關心，對許多人而言，並不是一件簡單的事。

但是，很多時候，唯有關心對方，才能贏得對方的心，接下來才能讓自己的處事更加順利。

被譽為「魔術之王」的塞斯頓，前後周遊世界共四十年，一再創造出各種幻象魔術表演，令觀眾如癡如醉、驚奇不已，受到全球數千萬人的歡迎，獲得了巨大的成功。他說，不是他的魔術知識高人一籌，關於魔術的書籍已經有幾百種，而且有幾十個人知道的魔術與他一樣多。他認為他之所以能如此受歡迎，原因在於他擁有其他人所沒有的獨到優點——他在舞台上能夠展現自己的個性，有打動觀眾的獨特風格。

他是一位表演天才，瞭解人類的性格，他的每個手勢、每種聲調、每一次提起眼眉，都是經過事先的演練，他的每一個動作也都配合得天衣無縫。更為重要的是，塞斯頓真心關心觀眾的感受，能夠為觀眾付出所有的熱情。

有些技藝高超的魔術師認為觀眾都是一群笨蛋，都被自己騙得團團轉，但塞斯頓完全不那麼認為。

他每次上台之前都會對自己說：「感謝這些人看我的表演，是他們使我過著舒適的生活，我一定要盡力為他們帶來最棒的演出。」塞斯頓就是這樣一位用關心贏得觀眾喜愛的表演者。

著名的心理學家阿德勒曾在《生活的意義》一書中說：「對別人漠不關心的人，一生困難最多，對別人的損害也最大。所有人類的失敗，都是由這些人造成的。」

事實上，如果能夠眞心誠意地關心別人，那麼你的生活將會更加順利，別人對你的幫助也將使你大爲受益。

在生活中，大多數人往往苦嘆不知該如何消除與陌生人之間的隔閡，進而使雙方熟悉，展開交往。每個人都想博得他人的關心與認可，但是卻忽略了對別人的關心與認可，結果當然不會有人來關心自己。

其實，人與人之間的關係是相互的，你不關心別人，別人也不會關心你。假如你只希望受到注意，只想讓別人對你產生興趣，卻不在乎別人的想法，那你就永遠也不會擁有眞摯誠懇的朋友。

只要試著用心去關心別人，那麼即使是陌生人，也能夠成爲有用的朋友，幫你完成一些原本難以搞定的事情。要使別人喜歡你，或是得到別人的幫助，讓生活更加愉快，就請從改變自己開始——眞誠地關心別人，愛護別人。

真心付出，朋友才樂於相助

當你真心為朋友付出之後，這種付出會形成一種資源存儲起來不會消失，只要一有機會，必將以某種意想不到的方式回報給你。

在與朋友交往的過程中，千萬不要吝嗇付出。如果心胸狹窄，總擔心在交往中吃虧，甚至想佔便宜的人，是交不到朋友的。

精於溝通的人都知道，樂意爲朋友付出是一種靈活的、有效的交往方式，在這種前提下交往，收穫一定大於付出。

漢斯先生是一位成功的企業家，但他既沒有亮麗的高學歷，也沒有雄厚的資金，更沒有顯赫的家世背景，那他到底是靠什麼成功的呢？

答案只有一個——靠朋友們的幫助。

其實，漢斯以前是一個很孤獨的人，由於他一無所有，別人都不願意與他往來。漢斯在忍耐寂寞人生的同時，漸漸體會朋友的重要，也學會了與人溝通、交往，並付諸實行。

漢斯十分珍惜自己的朋友，對朋友的重視甚至超過了別人的需求。只要朋友來訪，他一定熱烈歡迎，不管經濟狀況多麼拮据，他都好像隨時在等待朋友到來，並且真心誠意地接待，朋友回去時，還讓他們帶些土產紀念品。

每個人都有自己的事，漢斯先生也不例外，但無論他多麼忙碌，都不會把朋友來訪視為一種麻煩和困擾。朋友問他為什麼如此熱切，他說：「我是一個一無所有的人，與朋友來往就應該讓對方覺得和我來往會得到某些方面的愉快與益處。」

「絕不自私自利，樂於為朋友付出」，是漢斯贏得朋友、取得成功的秘訣。相反的，如果和朋友交往時只想著如何從別人身上獲取，那麼將難以交到真心的朋友。

與漢斯相比，沃特是出身名門的「富家子弟」，他想憑著自己的「優厚條件」

闖出一番事業。

但是，他與別人交往時，首先考慮的是這個人對自己有沒有利用價值。比如，與這個人交往，以後向銀行貸款時可能會獲得幫助；或許與這個人做朋友能學到一些致富經驗，能夠從那個人身上得到一些有利的資訊……

他就是這樣對待周圍的人，想辦法從自己接觸的人身上攫取利益。結果，他不僅沒有交到真正的朋友，更不用說得到別人的幫助了！

漢斯和沃特交朋友時抱持不同的態度，結果也就完全不同。

漢斯的做法是先為朋友付出，結果獲得很大的回報；沃特一心索求，結果卻什麼也得不到。

社會心理學家霍曼斯指出，人際溝通的本質是一種交換的過程。交換的任何一方，都希望所做的交換對自己是有價值的，也希望交換的結果是得大於失。

在這個過程中，自己認爲值得的人際關係就傾向於建立與保持，而對於自己認爲不值得的人際關係，就傾向於逃避、疏遠或中止。所以，人們往往樂於結交願意為朋友付出的人，不願結交想佔別人便宜的人。

由此可見，當你眞心爲朋友付出之後，這種付出會形成一種資源存儲起來，不會消失，只要一有機會，必將以某種意想不到的方式回報你。

所以，眞心地與別人往來，讓你在贏得別人尊重的同時，還會得到意想不到的收穫，許多原本棘手的事情，或許就在好朋友們的幫助下搞定了。

使出心理戰術逼對手讓步

柯倫泰的一系列暗示，令充滿男人自尊和紳士風度的挪威商人，不得不接受她的低價，從心理上贏得了這場談判，輕描淡寫的一兩句話，就教人舉手投降。

英國思想家培根曾經說過：「用適當的話語和別人進行交談，遠比言詞優美、條理井然更為重要。」

話說得體合宜，不僅能表現出自身的涵養，也會讓人接受你的意見和觀點，透過說話策略與技巧，更會提昇自己的溝通、辦事效率。

只要做好心理建設，平日勤於鍛鍊說話技巧，要成爲說話高手，其實一點都不困難。

柯倫泰是世界有名的大使，精通歐洲十一國的語言，曾經被蘇聯政府任命為駐挪威貿易代表，交涉一切對外貿易事務。

有一次，她和挪威商人就購買挪威鯡魚進行談判。

挪威商人開價很高，她的出價卻很低。

挪威商人精於談判訣竅：賣方叫價高得出人意料的時候，買方往往不得不做出小小讓步，再與賣方討價還價。然而，柯倫泰也知曉這些生意手法，不肯讓步就範，堅持低價交易。

因為她知道，只要談判不破裂，耐心拖下去，可能就會取得意想不到的效果。於是，她堅持「出價低、讓步慢」的原則，取得了討價還價的有利形勢。

後來，柯倫泰和挪威商人進行激烈爭辯，都想削弱對方堅持立場的信心，結果談判陷入僵局。

在談判無以為繼的時候，她突然無條件讓步，裝出一副可憐的模樣：「好吧，我同意你提出的價格，如果我們政府不批准這個價格，我願意用自己的薪資支付差額。但是，當然要分期付款，我可能得支付一輩子。」

她這幾句話說出來時，面露無奈神色。挪威商人怎麼好意思叫她個人支付差額呢？於是也表露一臉無奈：「算了，將鯡魚價格降到您提出的那個最低標準吧！」

柯倫泰的計策是，她表面敗下陣來，卻提出了一個難解之題給對方：用一輩子的報酬分期支付雙方的價格差額。

其實，這道難題是不能成立的，因爲她是蘇聯駐挪威貿易代表，有獨立處理貿易之權，她卻把它推給政府來決定，這是明顯的搪塞之詞，而且也是說不過去的。再者，她把挪威商人與蘇聯政府之間的貿易交涉，轉換成挪威商人與其個人的談判，轉換了談判主題，把本來雙方平等的談判，變成一種無法構成經濟關係的空談。

挪威商人的讓步，並非在邏輯上被柯倫泰說服，而是一種無形壓力佔據了心理：怎麼能拿她微薄的所得去填補如此巨大的價格差額呢？這樣做豈不是有失厚道？

其實，柯倫泰給他另一種暗示是：「你看，爲了跟你做成這筆生意，我一輩子的生活費全都要賠進去，難道你就不能讓點步嗎？教一個小女人無端失去生計的男人，算什麼男子漢？」

柯倫泰的一系列暗示，令充滿男性自尊和紳士風度的挪威商人，不得不接受她的低價。柯倫泰從心理上戰勝了挪威商人，贏得了這場談判，輕描淡寫的一兩句話，就教人舉手投降。

掌握對方的心理，說服才會順利

談判成功是多種技巧的結合，要別人接受自己的觀點之前，首先應讓對方肯定某種觀點，然後再用自己的觀點取而代之。

不管是人際交往，或是商業談判，最艱巨、最複雜、最富技巧性的工作，就是說服。

說服力量，綜合了各種因素：聽、問、答、敘等各種技巧，綜合運用後改變對方的初始想法，讓他轉而接受自己的見解。

擅於說服的人能使敵對雙方化干戈為玉帛，而拙於說服的人，可能由於出言不遜，而使矛盾更加惡化。

日本的經營之神松下幸之助在企業界起步時，就曾以誠懇和說服取得企業家岡田的配合幫助，使樂聲牌方型電池車燈先聲奪人、一炮而紅。

當時，他決定採用主動出擊策略，為市場免費提供一萬個方型車燈。

但是由於財力不足，松下便厚著臉皮，希望生產乾電池的企業老闆岡田，能免費提供他一萬個乾電池，配合他實施這項計劃。

「一萬個乾電池價值不菲，要別人跟著自己去冒險，能做得到嗎？」松下不斷思索著如何說服岡田。

後來，松下想妥了一個違反常規的說服方法，便帶著樣品來到東京的岡田家拜訪。他先讓岡田看樣品，然後介紹自己推銷這個產品的策略。

岡田頻頻點頭讚許之時，松下說：「為了配合這種新型車燈的推廣，希望您能提供一萬個乾電池。」

岡田此時還不知道松下要他免費提供，便爽快答應了。

松下繼續說：「岡田先生，這一萬個電池，能否免費提供給我？」

一直在小酌的岡田一聽此話，立即呆住，怔怔地望著松下，手中酒盅停在空中，像是凍住了一般，空氣似乎也凝結了。

一旁的岡田夫人此時插嘴說道：「松下先生，我們實在不明白您的意思，能不能請您再說一遍？」

「為了宣傳造勢，我打算把一萬個方型車燈免費贈送，也請您免費提供一萬個電池，一道贈送。」松下不慌不忙地說。

老闆娘一副緊張的表情：「什麼？要一萬個？而且還是免費的？」

這也怪不得她，松下的免費計劃實在過於離譜。

岡田微突著小腹，緩過氣來驚疑而生氣地說：「松下先生，你不覺得這種厚臉皮的要求有點兒胡鬧嗎？」

松下處變不驚，鎮定地說：「岡田先生，也難怪您驚訝。但是，我對自己的做法非常有自信，無論如何，我決心要這麼做。但我不會無緣無故白白拿您的一萬個乾電池，我們不妨先談談條件。現在是四月，我有把握一年內賣掉二十萬個乾電池，請您先送一萬個給我。倘若您願意照我們的約定，我就把這免費的一萬個乾電池，裝在方型車燈裡當樣品，寄到各地。」

岡田疑惑地看著松下，問道：「你的想法倒是很偉大，但是，倘若賣不掉二十萬個，你又該怎麼辦？」

「若是賣不出去，您照規矩收錢，這一萬個電池算是我自己的損失。」松下爽直地回答，沒有一點含糊。

岡田夫婦雖然不再言語，氣氛似乎融洽許多，但岡田的態度還沒有轉變。於是，松下進一步解釋：「我今年三十歲，已屆而立之年，正是努力事業的時候，無論如何，都會拼命工作。我二十三歲獨立創業，到現在已初具規模，這些年來，一直不敢有所鬆懈，我日夜都在想，怎麼做才能做得最好。我到這裡來請您幫忙，就是出於這個目的，請您相信我。」

松下這番話說得很認真，很誠懇，也很得體，岡田先生覺得他年輕有為，氣宇不凡，於是展露笑容說：「我做買賣十五年，還不曾遇到過像你這樣的交涉方法。好吧，如果你能在一年內賣出二十萬個，這一萬個就免費送給你，好好做吧。」

由於方型燈十分暢銷，岡田的電池也成了暢銷產品，不到一年就銷出了二十萬個，而這二十萬個電池的銷售利潤，遠遠超過贈送一萬個電池。岡田自從生產電池以來，從來沒有遇到過這樣的好景氣，對松下真是感激不盡。

松下的談判成功是多種技巧的結合，其中最主要的是採取一種超乎常規的說服辦法，變通技巧——要別人接受自己的觀點之前，首先應讓對方肯定某種觀點，然後再用自己的觀點取而代之。

他常常把自己的思想深入別人心裡，引起共鳴，掌握對方心理步步逼進，使其同意。他沒用半句強迫的言詞，但循循善誘之餘，總是叫人心悅誠服。

當然，最關鍵性的一件事是：松下必須有能力和信譽保證兌現諾言，否則就算臉皮再厚，說得再天花亂墜，也無濟於事。

PART

3

坦然面對，問題才會解決

無論在商場還是談判席上，普遍適用的不變法則，就是面對抱怨時，絕對不可逃避，唯有坦然面對，才是解決之道。

坦然面對，問題才會解決

無論在商場還是談判席上，普遍適用的不變法則，就是面對抱怨時，絕對不可逃避，唯有坦然面對，才是解決之道。

日本東芝公司董事長土光敏夫，有一次聽業務員抱怨說，有一筆生意，因為買方的課長經常外出，業務員幾次去拜訪，都撲了空，所以總是無法談成。

土光敏夫聽了這種情形，便來個「御駕親征」，親自去那位課長的辦公室等候，最後終於見到了那位外出回來的課長。

當這位課長知道了土光敏夫的身分，並已守候多時後，深受感動——交易額才不過二、三十萬日元的生意，東芝公司的董事長竟然親自前來辦公室等候他，真是十分難得。

課長於是與土光敏夫立即進行洽談，談判十分順利，並當場簽約。

土光敏夫不僅做成了這筆許久不能談成的生意，更由於他的坦誠態度，建立了雙方長期的交易往來，使東芝在日本工商界建立了良好聲譽，訂單如雪片般飛來。

無論在商場還是談判席上，普遍適用的不變法則，就是面對抱怨時，絕對不可逃避，唯有坦然面對，才是解決之道。

某化工原料廠接到一個使用者發牢騷的電話：「你們搞什麼鬼？這批原料一點兒也不好用，你們派人來看看吧。」

銷售部於是開始爭論，有人說：「貨已進入他們的工廠，可能在現場混和了其他廠家的劣等貨，卻怪罪到我們頭上。」

也有人說：「這批貨同樣出售給別的廠家，卻只此一家怨聲載道，可能是有意找碴吧？」

一位老銷售員說道：「這家是老客戶，似乎應該重視他們的意見。」

銷售部經理見意見不一，遂擱下此事。可是，這家客戶以後再也沒有上門過，詢問時，他們說：「不必麻煩了，另一家的原料比較好用。」

日本一家公司的化學部S課長說：「接到客戶的抱怨時，一定要先前往做初步的瞭解，然後給大家三天的緩衝時間，問題往往會在這三天之內獲得解決。」如果客戶抱怨的是技術方面的問題，就算是資深業務員，也未必能做出正確判斷，必須由技術部門派員徵詢意見，並及時研討及解決。

商場上的價格問題，比技術問題顯得更重要，尤其貿易商全靠價格吃飯，這方面的抱怨當然會更多。當聽到買方抱怨時，絕不能像上述化工原料廠一樣擱置不管，因爲直到失去客戶時再去過問，已經來不及了，最好是銷售部與產品部一同前往瞭解，即時協調。

如果銷售部長一人前往，應準備充分時間，因爲不能走馬看花般匆匆來去。而且，除了致歉，還必須表現出解決問題的誠意，找出問題癥結所在後，請求對方寬限數天，然後提出妥善處理的意見。

碰到麻煩的時候，絕對不可以逃避。不論抱怨的內容多麼棘手，也要去瞭解後，才能進一步解決。本來可以解決的事，往往就因爲一時的逃避而陷入了僵局。

當然，處理抱怨的人，沒有人會有愉悅的心情，因爲在這種情況下前去，只有挨罵的份兒，不會得到好臉色的。

然而，要平息對方怨氣甚至怒氣，必須拿出點兒眞功夫，所以，這也是對銷售人員能力的一種考驗。

處理這類問題的人，只想「糟糕了！糟糕了！」歎息是不成的，而是需要耐心和人際關係雙管齊下才行。

臉皮越厚，招數越多

對手的個性、技巧不同，自己也將受到對手用盡一切卑劣招數來進行輪番轟炸。臉皮越厚，招數越多，越有可能在談判中佔優勢，減少失敗的次數。

「勝敗乃兵家常事」，在談判過程中遭遇勝敗也不足爲奇。交易成敗關系到自己切身的利益，談判雙方趨於成交的願望，基本上是一致的。所以，談判者都希望成功率儘量高些，失敗次數儘量少些。

但是，即使是談判高手，也免不了會有失敗的經驗，重點在於看待失敗的態度。失敗並不可怕，可怕的是失敗後消沉、氣餒。

對待失敗的積極態度，應該是吸取教訓，總結失敗的經驗，然後設法拿出反敗爲勝的王牌。

由於對手的個性、技巧不同，自己也將在不同程度上，受到對手用盡一切卑劣招數來進行輪番轟炸。所以，臉皮越厚，瞭解的招數越多，越有可能在談判中佔優勢，減少失敗的次數。

因爲，在談判中沒人能打百分之百的包票，所以防止遭受慘敗和反敗爲勝的因素，還應包括以下幾項：

- 得到協力廠商對你的對手的評估；
- 細審對手提出的任何要求；
- 不要為任何說出來、做出來的事感到難為情；
- 不必針對對手的言行做假設，而是根據事實來決定自己的舉措；
- 別怕談判不成就拜拜，避免陷入人身攻擊的困境；
- 記取每次談判失敗的教訓，作為轉敗為勝的必備條件。

卡內基是美國著名的成人教育家，有一次，他想租用一家大飯店禮堂來舉辦訓練班。

可是，交涉中途，飯店卻臨時通知他，要他付出比原來多三倍的租金。後來，他終於打聽出，原來經理為了賺更多錢，暗地裡打算把禮堂改租給別人舉辦舞會或晚會。

面對這個唯利是圖的商人，看來卡內基唯一的辦法，就是放棄這家飯店，找一家租金便宜的地方繼續開課。

但是，事情的結果，卻完全不是這樣。

卡內基找到飯店經理，對他說：「假如我處在你的地位，或許也會發出同樣的通知。你是這家飯店的經理，責任是讓飯店儘量獲利，若不這樣做的話，你的經理職位就保不住。」

卡內基接著說：「大禮堂不出租給講課的，而租給舉辦舞會的、晚會的，當然可以獲得大利。因為，舉行這一類的活動，時間不長，他們能一次就付出很高的租金，比我的多得多。要是租給我的話，你們真是吃虧了。」

卡內基鬆懈了對方的戒備情緒後，又道：「但是，你要增加我的租金，實際上是要把我趕走，因為我付不起你要的租金，所以我勢必要另外找地方來舉辦訓練班。不過，你要知道，這個訓練班吸引了成千受過高等教育的中上層管理階級人士，這些人到你的飯店來聽課，實際上是免費為飯店做廣告。相反的，你若是花五千元在報紙上登廣告，也不可能邀請這麼多人親自來參觀。而我的訓練班卻幫你邀請來了，這難道不划算嗎？」

最後，卡內基運用欲擒故縱的說服術，終於使經理改變了態度，說服了飯店經理放棄增加租金的要求，使訓練班得以繼續辦下去。

朋友相處，應該寬容互助

讓自己的胸懷寬廣、度量恢宏，學會寬待朋友，不要讓暫時的不愉快影響了本該持續一生的友誼。

與人往來必須要嚴於律己，寬以待人。

嚴於律己，就是要嚴格約束自己，做事儘量減少發生差錯；寬以待人，便是對人寬厚容讓、和氣大度。

處理人際間的複雜關係，不妨寬容一點，千萬不要當成兩軍交戰。和朋友之間有了嫌隙，也應當設法化解，不必鬧到老死不相往來的地步。這樣，只會讓你失去許多助力。

蘇東坡年輕的時候有一個朋友名為章惇，後來成為宰相，執掌大權。誰知，他把持政局時，竟然將蘇東坡發配到嶺南，接著又貶至海南。

後來，蘇東坡遇赦北歸，章惇正好垮台，被放逐到嶺南的雷州半島。

蘇東坡聽到這個消息，寫了封信給章惇，信中說當他聽到這個消息是如何地驚嘆，這麼大把年紀還要浪跡天涯，沉重的心情可想而知，幸好雷州一帶雖然偏遠，但無瘴氣。他同時安慰章惇的老母親，並請章惇不要再提過去的事情，多想想將來。

蘇東坡如此大度，章惇感到羞愧不已，一家人都對蘇東坡心存感激。

想要化解彼此對立，就必須放下仇恨；有了寬容的心，才能贏得人心。

湯姆由於好友彼得在自己公司的電腦上動了手腳，使他損失了幾十萬美元。儘管湯姆提出告訴讓彼得進了牢房，但是還覺得不夠，幾年過去了，他心中始終憤憤不平。

彼得被保釋出來之後，覺得自己非常對不起湯姆，打了好幾次電話向湯姆道歉，但湯姆一聽是彼得的聲音，不由分說立刻將電話掛斷。

湯姆的妻子知道之後，多次勸他應該寬宏大量，放棄前嫌，而且彼得是個電腦專家，如果與他合作，對於他的事業將有很大的幫助。

湯姆經過幾番深思，覺得妻子說得很有道理，但是每次拿起電話，想要打給彼得時，卻又覺得無話可說，腦海中一直浮現那幾十萬美元，於是又放下電話長嘆一口氣。

兩個多月過去了，湯姆總是處於這種矛盾之中，覺得自己應該原諒彼得，卻又覺得不應該這麼輕易放過他。

於是，湯姆去看了一位心理醫生。

「你心中形成了一種心理障礙，這種障礙，不僅會妨礙你與彼得的關係，也會妨礙與他人的交往，你必須積極地清除它。」醫生說。

回到家後，湯姆終於鼓起勇氣打電話給彼得，約彼得隔天到公司見面。

第二天，他們見面之後談得很順利，湯姆還決定再次聘用彼得到公司工作，他對彼得說：「我相信你不會再次辜負我。」

從此，彼得全力與湯姆合作，在彼得幫助下，湯姆取得了不錯的成就。

良好的友誼對於雙方都是有益無害的，「破鏡重圓」的友誼透過間接的修補只會比當初更加燦爛。所以，學會寬待朋友，不要讓一時的不愉快影響了本該持續一生的友誼。

一個人不僅要讓自己的胸懷寬廣、度量恢宏，更要注意，不要傷了朋友的自尊。損失了金錢，還可以再賺回來，一旦自尊心受到傷害，就不是那麼容易彌補的，甚至還可能因此爲自己樹立一個敵人。

有效溝通，與朋友正確互動

若是真正的朋友，彼此之間互相幫助非但不會損及友誼與顏面，更能讓雙方感到幸福與成就。

提及人際溝通，就要從與朋友的互動相處開始談起。

每個人都需要朋友，好朋友是個人一生的財富，能助人從幼稚走向成熟，從缺憾走向完美。

但是，好友難求，畢竟既能同甘又能共苦，才算得上是眞正的朋友。

日常生活和工作中，我們需要朋友的幫助，廣交朋友，等同於積累人生財富。

那麼，我們應該透過哪些方式正確地與人建立關係、拓展自己的交友圈呢？

●找時間交朋友

現在，人們的生活節奏越來越快、步調越來越緊張，在忙於工作與家庭的情況下，想要多交朋友，極有可能面臨時間不足的困擾。不過，爲了得到珍貴的友誼，犧牲一點時間是絕對值得的。

●多與對方聯繫

不管彼此之間的關係多麼穩固，長時間缺乏聯繫，難免會冷淡下來。因此，別忘了有事沒事打個電話給朋友，主動付出善意同時加深感情，是保持友誼必不可少的方式。

●尊重朋友的個別差異

仔細觀察你的所有朋友，必定會發現每個人的性格、脾氣、喜好都各不相同，待人處事之道也不會完全一樣。

人與人間必然有差異存在，因此對待朋友不必要求千篇一律，更不該把自己的想法強加於人。

●無須凡事斤斤計較

過分的苛求容易傷人，尤其朋友之間的相處，更應該要求自己做到寬容、大度。如果凡事斤斤計較，必定很難交到長久的朋友。

●與朋友互信互助

曾有位作家說：「如果你想結交到真心的好朋友，就請先放下架子，坦然接受對方的幫助。」

對待朋友，當然要肯於伸出援手，付出眞心。同理，當我們需要幫助的時候，也該以平和的心態接受朋友的援助。

切記一點：若是眞正的朋友，彼此之間互相幫助非但不會損及友誼與顏面，更能讓雙方感到幸福與成就。

朋友在我們生命中，佔有舉足輕重的重要位置。如果一個人沒有朋友，即便自身擁有再強大的能力與才華，也難免因勢單力薄感到孤寂、挫敗，很難得到眞正且長久的成功。

明白了這個道理之後，就讓我們從今日起，試著透過正確且有效的溝通方式多交朋友吧！

結交真正「值得」的朋友

識人既要看平時，也要注重關鍵時刻，畢竟不管處在什麼時候或什麼場合，都能顯示出一個人的本性、氣質、才能。

人都會希望自己擁有許多性格上的優點，諸如勇敢、沉靜、無私、超然等等，但事實上，一個人很難做到十全十美，多半只擁有一兩項優點。這種時候，可以透過結交值得尊敬的朋友，督促自己於修養上繼續學習、進取。

人際互動是一門學問，我們在提升溝通技巧之前，首先應先要求自己具備正確的識人眼光。

和以下幾種人結交，應當以不同的態度應對：

●真誠正直的人

他們待人誠懇、忠厚老實且心地善良。對事情熱心負責，遇到困難不會一味推卸責任，作風正派、心胸寬廣、肯主動關心朋友、言出必行。

由於信譽良好、樂於助人，這種人不僅僅是很好的合作夥伴，而且還是非常好的朋友。

他們多半志趣高潔、修養甚高，做人處事有禮有節，做事講原則，生活充實且富有意義。對這類朋友要以誠相待，自身應注意修養，並保持謙虛態度，學習對方的優點。

可以說，能結交這類朋友，是三生有幸。

●圓滑世故的人

圓滑且世故的人往往目標遠大，野心極高，常常將身邊的人或物當作前進的跳板，既不太重視，又唯恐完全失去；既不願意太過熱絡，又不得不敷衍應付。這類人多半崇拜能力與金錢，不僅深知素質與才能的用處，更相信口才、社交手段的重要，同時還熟諳金錢的與權力的「魔力」。他們渴望得到能力、財富和權勢，同時又希望自己能從權力與金錢的控制下跳脫。

大部分人忽略的是，這類人雖然表現得有些滑頭，總說一套做一套，但他們實際上也渴望得到眞心的朋友。

與這類朋友相處，還是應當以眞心相待，不用太拘謹，否則可能產生反效果，讓他的「職業病」發作，懷疑你是否懷著什麼陰謀，爲彼此的關係蒙上陰影。遇上困難挫折時，不妨與他同謀，可有效加深友情。

當然，初交此類朋友，還是得留點戒心，以免吃虧上當。

● 若即若離的人

有些人可能是先天性格使然，也可能是受到後天生活環境影響，性格較內向、少言寡語，看起來比較冷漠無情。

但正是由於長期沉默寡言，缺乏交流，他們於心中積累了相當深刻的感悟。可以這麼說，這類人內涵豐富，只是對世事與人際互動的渴求不如他人強烈，更嚮往清幽淡雅的純樸生活。

對於第一類人，若能時刻給予鼓勵與支持，他將大受激發、埋頭苦幹，奮鬥並有所作爲。但切記不可過於親熱，也不宜讓交往模式太入俗套，更不能唯唯諾諾、阿諛奉承，因爲這不利於建立穩固關係。

對於第二、第三類人，不妨與之多溝通，有機會就一起談天說地，講人生、論生活，在心靈上達成一致，靠世界觀、人生觀、價值觀的交流讓自己觸動對方的眞心，成爲知己。

和朋友相處，要善於識別。而識別一個人既要看平時，也要注重關鍵時刻，畢竟不管處在什麼時候或什麼場合，都能從某種層面上顯示出一個人的本性、氣質、才能。

眞正的朋友，是相濡以沫，是肝膽相照，是志同道合，是風雨同舟。廣交朋友絕對必要，抓住眞正值得的好朋友，就等於成功了一半。

保持適當距離，情誼更美麗

與人互動、溝通時，還是應該秉持「害人之心不可有，防人之心不可無」的態度，付出真心同時，適度地畫出防線。

友情就像彈簧，必須保持適度的距離，並給予適度的拉伸和壓縮，才能使它保持永久的彈性。

保持適當距離是維繫人際關係的要素之一，即便是有著親密關係的好朋友也不例外。成爲好友，只說明彼此在某些方面具有共同的目標、愛好或見解，並不能代表你們可毫無間隙地融爲一體。

任何事物都擁有獨特的個性，與他人的共性則存於個性之中。可以說，共性是友誼的連接與潤滑劑，個性和距離則是讓友誼保持生命力的根本。

「金無足赤」，人性的瑕斑也會在友誼的光環中出現，過近的距離、過深的瞭解，將使你發現到對方人性中自私甚至卑劣的一面。於是，被欺騙感和不忠實感逐漸產生，使你對友誼感到懷疑，從而導致了冷淡和爭執，致使根基動搖，彼此關係再難恢復到原來的美好。這時你必會懊惱：爲什麼要盲目地拉近距離，破壞曾經的美感與自在呢？

人生在世，一輩子都在不斷地交新朋友，但新朋友未必比老朋友好，失去友情更是人生的極大損失。

因此，必須記住：一定要與好友「保持距離」，不要讓過近的距離帶來溝通不良的後果，造成遺憾。

交友的過程，往往就是彼此氣質相互吸引的過程，因爲兩個人擁有「共識」，得以越過鴻溝成爲好友，甚至「一見如故，相識恨晚」。

這種現象，無論在異性或同性間都會發生，但無論如何，雙方之間總有差異，

因爲彼此來自不同的環境，接受不同的教育，人生觀、價值觀再接近，都不可能完全相同。

當初識到熟識的「蜜月期」一過，便無可避免地要碰觸彼此的差異，這時候，若不懂得調適，就會產生摩擦不快。

人性就是如此矛盾，得不到時總想得到，未靠近時總想貼在一起，但眞正得到和靠近後，卻又太過苛求，處處不滿意，傷害他人也傷害自己。

好友間的相處，就算只是一件芝麻綠豆大的小事，也可能造成兩人之間感情的破裂。與其因爲太接近而彼此傷害，倒不如「保持距離」，以策安全。

「保持距離」，簡單來說，就是不要太過親密，留給彼此一些私密空間。無論雙方多麼熟悉，仍要守「禮」，保持應有的尊重。「禮」所扮演的角色，便是防止因碰撞產生傷害的「海綿」。

朋友相處，應當重視的是感情上的相互理解，以及遇到困難時的互相扶持幫助，而不是瞭解一些太過細微、沒有必要知道的事情。有些人爲了表示對朋友的信任，

貿然把自己的一切和盤托出，無疑是一種錯誤、輕率的溝通手段。若是不幸碰上居心不良、懷有歹意的人，就會招致麻煩。

另外，還有一點必須注意，就是不要任意在朋友面前議論他人是非。如果你的朋友是個通情達理的人，必定會適時勸告你、開導你，告訴你隨便議論他人的壞處。如果不巧這位朋友是個好惹是生非的人，很有可能把你的話傳出去，甚至誇大事實、添油加醋，有意挑起衝突，引來對方的怨恨，讓你舉步維艱。

與人互動、溝通時，還是應該秉持「害人之心不可有，防人之心不可無」的態度，付出眞心同時，適度地畫出防線，保持應有距離，讓彼此的感情在良性環境下發展茁壯。

凡事先把話說在前面

朋友之間合作事業最好能避就避，如果非得合作，那麼在工作上，便要分得比一般同事更加清楚。如此才能免除許多不必要的依賴與糾結。

朋友之間合作，經常因爲面子問題或感情因素，以致於許多利益上的問題老說不清楚。大家又礙於情面，即使利益分配不公，也不好討價還價，如此一來，不滿的情緒便開始累積了。

因此，想和朋友合作愉快，凡事都要把話說在前頭，而不是等情緒累積到滿溢時才宣洩出來，這不僅只會兩敗俱傷，更徒讓人們看笑話而已。

兩年前，雷諾和幾個老同學合資開了一間公司。一開始大家十分配合，而且個個都幹勁十足、熱情洋溢。

但是，熬過了最忙碌的苦日子之後，大家也開始計較利益回收的問題了，雖然大家的股份都一樣，形式上也有法人在管理，但是一提到公司日後該由誰「領導」，似乎誰也不願讓誰。

雖然大家都是朋友，也說好要互相幫忙，有福共享有難同當，但是每個人都認為自己的意見才是最正確的，也認為自己才能帶給大家最好的收益。有人就說：「要我出多少錢都可以，只要你們都聽我的！」

沒想到，大家各自為政，對於這個問題他們始終僵持不下。

最後，他們不得不將公司解散了，當初的理想與計劃也只得回到原計劃者的手中，各自奮鬥。很奇怪的是，各自為政後他們反而更能相互溝通與幫忙，朋友之間的情誼似乎也更加緊密了，效率更是出奇的高！

雷諾對他這群朋友的評論是：「朋友分為很多種，有的可以一塊享樂，有的可以共事，當然也不乏生死之交的友情。不過，無論是哪一種情況，許多人都很容易忽略了一點，那便是千萬別把朋友和工作繫在一塊。因為好朋友不一定能成為好同事，而同事更不容易成為你的知心好友！」

聽見雷諾這麼評論，相信有許多人都要忍不住地用力點頭吧！

儘管朋友是生命的一部份，但是朋友最講究的卻是志同道合，和絕不受利益干擾。然而，前者原本就不容易了，更何況是後者？畢竟人與人之間，一旦涉及利益糾葛，好朋友也要成爲仇人。

其實，同事與朋友之間最大的不同處，便在於同事關係只有一個目標，就是要爲公司帶來最大利益，彼此之間的依存關係關乎公司的興衰。也因此在這個由陌生到熟悉的過程中，同事之間的情誼再好，也始終保有一定的距離，彼此之間的關係才不會因爲升遷而出現變化。畢竟大家都知道，這是個以實力來分等級的環境，每個人心中都有一定的遊戲規則。

然而從朋友發展到同事卻不同了。也許剛起步時，大家還無暇計較利益得失，一旦成功了，付出的多少便會一一浮上檯面。原本是平等的交誼，忽然變化成爲從屬關係時，即使是知交好友也難免產生芥蒂。

所以我們常說，從同事發展爲朋友容易，但想從朋友變成同事恐怕會發生許多困擾，因爲彼此心中始終有一個疙瘩：「因爲我太了解他！」

所以，朋友之間合作事業最好能避就避，如果非得合作，那麼在工作上，便要分得比一般同事更加清楚。如此才能免除許多不必要的依賴與糾結，或是因爲立場不同而導致好友反目。

放寬胸襟便能容納一切

一旦心中無法「放下」，我們當然會困守在無謂的小事中，鬱鬱寡歡，甚至有志難伸。

生命的路一直都很寬廣，只是走在道路上的人們自己把它畫窄了。

許多人以爲路窄一點才不會走偏走歪了，或者以爲掌控的範圍窄一些，才不會遺失目前所有擁有的一切。殊不知，人生的視野一旦變窄，那麼他們所能盡情揮灑的空間也將變小。

在秦晉激戰的緊要關頭，晉國的軍隊忽然一陣大亂。只見外圍殺進了幾百個人，他們全是蓬頭赤膊的鄉野村夫，腳上套著簡陋的草鞋，手中則緊握著大刀，一看見了晉軍士兵便大刀猛砍。

轉眼間，這群猛夫已經衝到了秦穆公面前，他們邊戰邊退，一路上還層層護衛著秦穆公。當晉軍企圖再包圍秦穆公時，晉軍士兵卻忽然全部退下。

原來是猛將公孫枝乘著戰車衝了出來，手裡還緊緊地抓晉惠公的脖子，晉軍一看見君主被抓了，不得不立即放下武器投降。

秦穆公大獲全勝，一回到營中，他便立即詢問那群助戰的壯士來歷。頭目說：「大王，您還記得當年丟失好馬嗎？我們就是那群偷馬人啊！」

秦穆公一聽，才想起了當年的往事。

十年前的某一天，秦穆公帶著最鍾愛的八匹駿馬上山打獵，白天他們玩得很開心，晚上則在山上紮營休息。半夜時，穆公忽然聽見馬兒的嘶叫聲，不一會兒工夫便有人來報告：「八匹駿馬被偷了！」

秦穆公一聽，連忙命人搜尋，不久有位官員回報說：「山腳下有三百多個野人正在烤馬肉吃，我看見旁邊還有馬兒的皮毛。」

沒想到原本心急不已的秦穆公，這會兒卻說：「是嗎？唉，算了，馬兒都已經死了，殺了他們也沒有用。他們想來是餓壞了，我若是為了畜牲而殺人，百姓們一定會批評寡人只看重畜牲，不重人命。」

接著，他吩咐下人：「你們把帶來的好酒送去給他們喝吧！」

使者把美酒帶到這群野人的面前說：「我國君主說，吃馬肉如果不喝酒，恐怕會傷身體，這些酒是要賞賜給你們的。」

野人們一聽，全跪了下來，說：「君王真是賢德。我們偷了他的馬，他居然一點也不怪罪，還賞賜給我們這麼多美酒。如此恩情我們一定會回報的！」

所以，當他們聽見秦穆公親自帶兵討伐晉國時，便立即趕到戰場，希望能為秦國效勞，沒想到卻救了秦穆公的性命。

一個能做大事的人自然懂得忍人所不能忍。面對著摯愛的八匹駿馬被殺，秦穆公不僅沒有下令追捕，反而以寬廣的胸襟理解偷馬者的需要，的確難能可貴。一個轉念「放下」，不僅讓他保住了仁君的名聲，還贏得了一群驍勇善戰的烈士。

這雖然是一則攸關國家興亡的故事，然而其中的旨意卻能用於平常，那便是學會「放下」與懂得衡量事情的輕重緩急。

轉換個場景，來到日常生活中，試著回想我們與人爭吵是為了什麼原因？是為了微小的損失與人斤斤計較？甚至是脾氣暴躁地與人爭吵賭氣？

許多人經常會為了一些芝麻綠豆的小事爭吵，也老是被一些可有可無的外在事物所牽制。一旦心中無法「放下」，又或是分不清楚事情的嚴重，我們當然會困守在無謂的小事中，鬱鬱寡歡，甚至有志難伸。

秦穆公在故事中告訴我們，他的成就在於這段話：「放寬心胸，因為許多重要的關頭還未度過，我們哪有心思再煩惱那些瑣碎小事？用心評估事情的輕重緩急，因為成敗往往就在一個轉念之間。」

PART

4

循循善誘
勝過苦苦哀求

苦口婆心勸說對方，他也許不願意領情；透過循循善誘，或許他反而會心甘情願乖乖地為你辦事。

循循善誘勝過苦苦哀求

苦口婆心勸說對方，他也許不願意領情；透過循循善誘，或許他反而會心甘情願乖乖地為你辦事。

有句俗話說：「求人難，難於上青天。」

事實上，這是因爲不懂求人技巧的緣故。求人固然困難，但是只要你懂得溝通的訣竅，求人並不如想像中那麼艱難。

「求」是一種藝術，當你需要別人參與你的事情時，最好先讓他從簡單的入手，引起他對這件事情的興趣。

當你要讓他人做一些比較容易的事情的時候，就要先給他一點小小的勝利，從側面誘導他達成自己的目的。

無論領導的團體大小，都必須懂得這個使人與自己合作的重要策略。

美國《紐約日報》的總編輯雷特就曾用誘導求得一位賢才鼎力相助。

雷特是格理萊創辦的《紐約論壇報》的總編輯，身邊正缺少一位精明幹練的助理。他的目光瞄準了年輕的約翰．海，他需要約翰．海幫助自己成名，同時幫助格理萊成為一位成功的出版家。

當時，約翰．海剛從西班牙首都馬德里卸除外交官職務，正準備回到家鄉伊利諾州從事律師行業。

雷特看準了約翰．海是個好手，但要如何使這位有為的青年拋棄自己原本的計劃，在報社裡就職呢？

經過思考後，一天，雷特請約翰．海到聯盟俱樂部吃飯。飯後，他提議約翰．海到報社參觀。

那時，「恰巧」國外新聞的編輯不在，於是他對約翰說：「請你幫幫忙，為明天的報紙寫一段關於這消息的社論吧。」

約翰自然無法拒絕，於是提起筆來寫。

這篇社論寫得很精采，格理萊看了之後也相當讚賞，於是雷特請約翰・海再幫忙頂缺一星期、一個月，漸漸地乾脆讓他擔任這項職務。

約翰・海就這樣不知不覺中放棄了返回家鄉當律師的計劃，選擇留在紐約做新聞記者了。

雷特憑著這項策略，成功求得出色的人選。約翰在嘗試看看、幫朋友忙的心態之下，覺得很輕鬆，不知不覺中就扭轉了他人生航船的方向。

事前，雷特一點也沒洩露他的心意，只是勸誘約翰幫他趕寫一篇小社論而已，但事情卻很圓滿地依照他的計劃實現了。

心機是人際互動之中不可缺少的一環，想要順利達成自己的目的，一定要曉得「循循善誘勝過苦苦哀求」的道理，把自己的心機使得不露痕跡。

約翰在不知不覺中被雷特留了下來，雷特既沒有要求什麼，也沒有勸說什麼，只是透過循循善誘，便達到自己的初衷。

生活中的事情往往是：當你苦口婆心勸說對方時，對方根本不願意領情，但假如你採取誘導的方式，或許他反而會乖乖地爲你辦事。

爲人處世當中，當你要引起他人對你的計劃熱心參與，或者給予幫助的時候，必須要點心機。

先誘導他們嘗試一下，如果可能，不妨讓他們先做一點容易的事情，這種誘導的方式或許會使對方更加心甘情願地進入你運行的軌道。

用適當的讚揚推開求人辦事大門

要想改變一個人的想法而不傷害彼此之間的感情、不引起憎恨，就應該學會從稱讚和滿足對方入手。

美國石油大王洛克菲勒曾說：「假如人際溝通的能力也是如同糖或咖啡一樣的商品，我願意付出比太陽之下任何東西更高的代價購買這種能力。」

由此可見，人際溝通的能力在他心目中的地位。

要求他人替自己辦事，很多時候必須在他人身上仔細思量、狠下功夫。這是說服的重點所在，只要切中了要害，說服一定會大功告成。

海藍集團公司承包一項建築工程，預定在費城建立一幢高級辦公大廈，一切都照原定計劃進行得很順利。然而，就在大廈即將進入完工階段，負責供應大廈內部銅器裝飾的承包商卻突然宣佈無法如期交貨。這麼一來，整幢大廈都無法如期交工，公司將要承受巨額罰金。

爭執、不愉快的會談全都沒有效果，於是傑克奉命前往紐約，試圖當面說服銅器承包商。

「你知道嗎?在布魯克林區，用你這個姓的只有你一個人。」傑克走進那家公司董事長的辦公室之後，立刻這麼說。

董事長有點吃驚，「不，我並不知道。」

「喔，」傑克先生說：「今天早上，我下了火車之後，就查閱電話簿找你的住址，在布魯克林的電話簿上，有你這個姓的，就只有你一個。」

「我一直不知道。」董事長說，然後很有興趣地查閱電話簿。

「嗯，這是一個很不普通的姓，」隨即他驕傲地說：「我的家族從荷蘭移居到紐約將近二百年了。」

一連好幾分鐘，他繼續興致勃勃地說他的家族及祖先。當他說完之後，傑克就恭維他擁有一家很大的工廠，還說他以前也曾經拜訪過許多同樣性質的工廠，但跟他的工廠比起來差得太遠了。

「我從未見過這麼乾淨整潔的銅器工廠。」傑克如此說。

「我花了一生的心血建立我的事業，」董事長說：「我對它感到十分驕傲。你願不願意到工廠參觀一下？」

傑克爽快地答應了。在參觀的過程中，傑克恭維他的組織制度健全，並告訴他為什麼他的工廠看起來比其他的競爭者高級，以及好在什麼地方。

傑克還對一些不尋常的機器表示讚賞，這位董事長就宣稱是他發明的。他花了不少時間向傑克說明如何操作那些機器，以及它們的工作效率有多麼良好，最後還堅持要請傑克吃午餐。

到這時為止，傑克一句話也沒有提到此次訪問的真正目的。

午餐之後，董事長對傑克說：「現在，我們談談正事吧。我知道你這次來這裡的目的。真沒有想到我們的相會竟然如此愉快。你可以帶著我的保證回到費城去，我保證你們所有的材料都將如期運到，即使其他的生意會因此延誤也無所謂。」

傑克甚至沒有開口提出任何要求，就得到了他想要得到的東西。那些器材及時運到，大廈在契約期限屆滿的那一天完工了。

具有良好的口才，又懂得事實讚揚的人，必然是現代社會的常勝軍。想成功搞定事情，就必須掌握這門藝術，鍛鍊自己的說話能力。

用讚揚對方的方式切入，就像牙醫在拔牙之前使用麻醉劑一樣，病人雖然仍然要受拔牙之苦，但麻醉要卻能消除疼痛。

要想改變一個人的想法而不傷害彼此之間的感情、不引起憎恨，就應該學會從稱讚和滿足對方入手。

正話反說容易讓人接受

不論什麼形式的說服，一定要學會溝通的方式，使對方易於接受，讓自己的觀點順利地傳達出去。

「良藥苦口利於病，忠言逆耳利於行。」這句話往往帶給人錯誤的觀念，以爲規勸別人的話必須難聽，不難聽的話便不配稱爲「忠言」。

事實上並不盡然如此，關鍵在於看你怎麼說。

日常生活中，當我們在勸說別人時，往往只強調動機的利他性和方案的好處，卻忽略了別人接受過程的複雜性和說服的方式，讓人覺得是受到逼迫而不得不接受，並非是出於主觀意願。

說服方法的不當，甚至會抵消了動機和方案的優勢。一旦別人不接受你的說服方式，想要透過溝通達到自己的初衷也就會全盤落空。

想要將自己的「忠言」說得更動聽，不妨試著「正話反說」。

唐太宗李世民有一次揚言要殺掉敢於觸犯龍顏的魏徵，長孫皇后聽聞之後十分著急，急忙前去勸告李世民。

她知道如果用逆耳的「忠言」勸說，李世民不僅不容易接受，反而會讓事情越來越糟。

因此，懂得說話藝術的長孫皇后採取順耳之言規勸李世民。

她說：「自古以來主賢臣直，只有君主賢明，當臣子的才敢立抒胸臆、有話直言，魏徵敢於立言勸諫，全賴聖上賢明……」

李世民聽了這番話龍顏大悅，立刻打消了殺魏徵的念頭。

秦朝時，有個名人叫優旃，經常以正話反話的方式勸諫秦始皇，效果通常不錯。

有一次，秦始皇要大肆擴建御苑，在裡面畜養珍禽異獸，以供自己圍獵享樂。

大臣們雖然知道這是一件勞民傷財的事，但誰也不敢阻止秦始皇。

這時優旃挺身而出，對秦始皇說：「太好了，這個主意很好，多養些珍禽異獸，敵人就不敢來犯，如果敵人從東方來，可以下令麋鹿用角把他們頂回去，就不用派士兵了。」

秦始皇聽了不禁會心一笑，明白了自己的決策不妥，因此立刻改變了擴建御苑的決定。

想要提升自己的溝通能力，必須學會說話辦事的具體方法與技巧，才能使自己左右逢源、無往不利。一個再有能力的人，也要具備一些心機，更要懂得用對方喜歡聽的話語夾帶自己的目的。

優旃的話表面上是贊同秦始皇的主意，但實際的意思則是說如果依照皇上的意思辨，國力就會空虛，敵人就會趁機進攻。

這樣表面上贊同了秦始皇，同時也保全了自己，更重要的是它促使秦始皇醒悟，進而達到說服的目的。

直言不諱固然可貴，但仍然要視當時的情況與雙方的立場。

不論什麼形式的說服，一定要學會溝通的方式，使對方易於接受，讓自己的觀點順利地傳達出去。

交際是一門既傳統又現代的科學，也是人生的必修課程，如果僅僅靠古人的幾條垂訓和社會經驗的總結，是很難學好的。

只有以認真的態度對待交際，在實踐的過程中勤於思考，遇事具體分析，才會眞正懂得溝通與交際之間的具體關聯，並且眞正了解該如何審時度勢，應用最恰當的方式扭轉對方的想法，搞定棘手的事情。

「以退為進」更容易獲取信任

利用人類的「彆扭心態」，採取以退為進的方法來取得對方的信任，可以順勢達到自己的目的。

現代社會分工越來越細，很多事情僅僅憑著個人的力量是難以完成的，這個時候往往需要獲得他人的協助。

求人辦事的過程中，「以退爲進」更容易獲取對方的信任。很多時候，過分強調自己的目的，或是過度堅持自己的看法，並不一定能獲得預想的效果。

相反的，採取「退」的策略，反而更容易達到目的。

某公司行銷部門的課長要推行一項計劃，必須經過總經理同意。對於這個計劃，課長已經事先徵詢過部門經理的意見，經理也表示贊同，並答應協助課長勸說總經理。

當他們到了總經理辦公室，課長先向總經理做了大致的陳述，總經理思考片刻後轉頭問部門經理：「你覺得這個計劃如何？」

誰知，部門經理的回答卻讓課長很失望：「我認為還要再詳細探討！」

課長對於部門經理的臨場反應百思不解，為什麼臨時卻改變了心意呢？結果，總經理只答應「再考慮一下」，這份計劃並未立即通過。

「經理怎麼這樣？」課長心裡嘀咕著，幾天來，心裡一直很不是滋味。

過了一個星期，讓課長感到意外的是，總經理竟然同意了他的計劃。原來，部門經理在他們交談之後，又另外找機會說服了總經理。

這位經理使用「以退為進」的手法，終於讓總經理點頭同意。試想，假如部門經理和課長在當下同聲一氣一起說服總經理，這個計劃很有可能會被立刻否定，連深入考慮的機會都沒有。

美國準備脫離英國獨立之時，十三州代表集聚費城舉行憲法會議，會中分為贊成派和反對派，討論相當激烈。由於出席者中有著人種、宗教等方面的差異，利害關係各異，會議進行過程中充滿了火藥味和互不信任的氣氛。出席者的言詞都非常尖銳，甚至還有人身攻擊。

眼看會議即將破裂，這個時候，持贊成意見的富蘭克林適時地站了出來，不慌不忙地對反對者說：「事實上，我對這個憲法也並非完全贊成。」

此話一出，會議紛亂的情形立刻停了下來，反對派人士都用懷疑的眼光看著富蘭克林。

富蘭克林停了一會兒，繼續說道：「對於這個憲法我並沒有信心，出席本次會議的各位，也許對於細則還有些異議，但不瞞各位，我此時也和你們一樣，對這個憲法是否正確抱持著懷疑的態度，我就是在這種心境下來簽署憲法的……」

經富蘭克林這麼一說，反對派的激動和不信任的態度終於平息下來，他們反而希望給個機會，讓時間驗證這份憲法是否正確，這樣一來，美國憲法終於順利通過。

對於一件事情，如果一味地強調好的一面，那麼對方對於你所說的話就會存有不信任的潛在心理。

這時，不如利用人類潛在心理的「彆扭心態」，採取以退爲進的方法來取得對方的信任。富蘭克林就是利用了這個技巧，先說一些對於自己所處的立場不利的言詞，使對方反而產生了信任感，再順勢達到自己的目的。

大凡辦事成功的人，都是視野開闊的人，他們不但瞭解自我，而且還能深知他人。一般來說，想要搞定難纏的人之前，要對對方的立場與心理狀態有著初步的瞭解，這是以退爲進的前提，在此基礎上，進一步把握說話的技巧，勝利的天平就會向你傾斜。

掌握溝通訣竅，讓人際關係更好

人際關係往往與利益緊密相關，因此，我們應該建立禁得起考驗的人際關係，而不是速成卻短暫人際關係。

人是群居的動物，每個人生活在群體當中，人際關係就成了與人交往、與社會交流的重要管道。

在現代社會裡，如果不善於與人交往，欠缺人際溝通的能力，便會失去許多合作的機會；一旦沒有了合作關係，單憑一個人或少部分人的努力，往往難以取得眞正的成功。

幾乎所有的成功者都懂得人際溝通的技巧，都非常珍視人際溝通的能力。

艾柯卡是美國最著名的企業家之一，曾在美國民意調查中當選為「美國最佳企業主管」。他曾經擔任美國福特汽車公司的總經理，後來卻在另一家汽車公司——克萊斯勒瀕臨倒閉時，就任克萊斯勒公司的總裁。

「受命於危難之際」的艾柯卡是如何拯救這家奄奄一息的公司，進而創造出為人們所津津樂道的「艾柯卡神話」的呢？

他的法寶之一，就是巧妙的人際溝通——先搞定人，自然能搞定事情。

當時，克萊斯勒公司生產的產品品質不高，面臨著債台高築又求貸無門、人浮於事的困境，「就像一隻漏水的船在波濤洶湧的洋面上漸漸下沉」。艾柯卡明白，要東山再起，重振企業，除了要在內部進行大刀闊斧的改革提高員工士氣之外，必須盡快著手開發新型車款，重新參與市場競爭，除此之外沒有第二條路可走。

可是，當時大大小小的銀行沒有一家願意貸款給克萊斯勒，嚴酷的現實迫使艾柯卡向政府求援，希望得到政府的擔保，以便從銀行貸到十億美元。

消息傳出之後，在社會各界引起了軒然大波。原來，美國企業界有條不成文的規矩，認為依靠政府的幫助來發展企業，不符合自由競爭的原則。

面對眼前的困境，艾柯卡既沒有洩氣也沒有抱怨，他知道溝通比抱怨更重要，因此他全面出擊。

他每天工作十二到十六小時，奔走於全國各地，四處演說遊說，同時，又不惜重金雇請說客，奔走於國會內外，活動於政府各部門之間，與他互相呼應。

在演講中，他援引史實，提出證據向企業界說明，過去的洛克希德公司、華盛頓地鐵公司和全美五大鋼鐵公司都曾先後得到政府的擔保，貸款總額高達四百億美元。反觀，克萊斯勒公司在瀕臨倒閉之際要求政府擔保，僅僅申請十億美元的貸款，不該引起人們的非議。

他向新聞與論界大聲疾呼：挽救克萊斯勒是為了維護美國的自由企業制度，保證市場的公平競爭。北美總共只有通用、福特和克萊斯勒三大汽車公司，如果克萊斯勒破產那麼市場上就僅剩兩家，如此一來就很有可能形成市場壟斷的局面，那還有什麼自由競爭可言？

對於政府部門，艾柯卡則採取不卑不亢的公關策略。

他替政府算了一筆帳：如果克萊斯勒公司現在破產，將會造成六十萬工人失業，全國的失業率會因此提升〇．五％，政府第一年便必須為此多支付二十七億美元的失業保險金以及其他社會福利開支，最終又將使納稅人多支出一百六十億美元來解決種種相關的問題。

艾柯卡向當時正因財政出現巨額赤字而深感困擾的美國政府發問：「你是願意白白支付二十七億美元呢？還是願意出面擔保，幫助克萊斯勒向銀行申請十億美元的貸款呢？」

艾柯卡還為每位國會議員開出一張詳細的清單，上面列有該議員所在選區內所有與克萊斯勒公司有經濟往來的代理商和供應商的名字，並附有一份一旦公司倒閉將會在該選區內產生什麼後果的分析報告。

他暗示這些議員，如果由於克萊斯勒公司倒閉而剝奪了選民的工作機會，對於他們自己的仕途不會有什麼好的結果。

最後，艾柯卡的公共關係戰略終於獲得了成功，企業界、新聞界、國會議員都不再反對擔保，美國政府也開始採取積極合作的態度，他終於得到了用於開發新型車款的十億美元貸款。

三年後，克萊斯勒公司開始轉虧為盈，第四年便獲得九億多美元的利潤，締造這家公司有史以來最好的經營紀錄。

艾柯卡的成功經歷告訴我們，人際溝通的技巧不僅適用於爲人處世，在推動企發突破瓶頸的過程中也非常重要。

無論想解決什麼事情，都必須先解決人。

無論身爲領導者，還是普通的職員，學會運用良好的溝通，必將能透過人際關係，爲自己的生活增光添色。

人際關係並不是一日之間可以建立起來的，需要在社交場上長期的用心經營。好的人際關係需要時間來培育，從瞭解到信賴，這個過程絕非一朝一夕，或者幾天就能「一拍即合」。

此外，人際關係往往與利益緊密相關，因此，我們應該建立一種禁得起考驗的人際關係，而不是速成卻短暫人際關係。

關鍵人物身邊的人也要費心周旋

瞄準主要目標固然重要，但主要人物周圍那些具有相當影響力的人，有時對於行事的順暢度，會發揮意想不到的作用。

解決問題的時候，想要穩操勝券，除了著眼於上司、主管等主要負責人之外，還應該爭取足以影響這些領導者的「權威人物」的同情、支持和幫助。這麼一來，辦事才會更加順利。

也許你曾有過這樣的經驗，當自己推動某件事的時候，明明已經獲得上級主管同意，卻由於下面某個環節作梗而被擱置下來。這時候，負責這個環節的人不論職位大小，就成了解決問題的「關鍵人物」。

北宋權臣蔡京曾一度被宋徽宗罷去相位，落到山窮水盡的地步。但是，野心勃勃的他並不甘心就此退出政治舞台，於是積極進行多方活動，試圖東山再起。

首先，蔡京暗中囑託親信內侍求鄭貴妃為他說情，又請深得宋徽宗信任的鄭居中伺機進言。

一切妥當之後，蔡京再讓自己的黨羽直接上書給宋徽宗，大意是為他鳴冤叫屈，說蔡京改變法度，全是秉承聖上的旨意，並非獨斷專行；現在否定了他所作的一切，恐怕並不是皇帝的本心。

這些意見的要害是把宋徽宗也牽扯進去。宋徽宗見到奏表，果然沉吟不語，但也沒批覆。

這時，鄭貴妃發揮枕邊作用。她早已看到表章的內容，又見到宋徽宗的這種表情，就順勢替蔡京說了幾句好話，宋徽宗便有些回心轉意。

第三步是請鄭居中出馬。鄭居中瞭解內情之後知道時機已經成熟，便約了自己的好友禮部侍郎劉正夫，二人先後晉見宋徽宗。

鄭居中先進去向宋徽宗說道：「陛下即位以來，重視禮樂教育等法，對國家和百姓都很有利，為什麼要改弦更張呢？」

一席話隻字未提蔡京，只把徽宗的功績歌頌一番，但暗中褒獎的卻是蔡京，因為肯定前段朝政的英明，就等於肯定了蔡京的貢獻。

接著，劉正夫又進去重複補充了一遍歌功頌德的話。

宋徽宗聽了感到很舒坦，終於轉變態度驅逐劉逵，罷免趙挺之的相位，第二次起用蔡京為相。

蔡京的計謀之所以成功，在於靈活運用「關鍵人物」的影響力。他並沒有直接去說服皇上，而是採取曲折迂迴的方式，請皇帝身邊的人爲他說情，結果如願以償。日常生活中，不妨採用迂迴的方式來獲取自己想要的東西，也許你會因此得到意外的驚喜。

想搞定事情，要學著讓自己的手腕更加靈活，瞄準主要目標全力以赴固然很重要，但是對於主要人物周圍那些具有相當影響力的人，也要多花費心思與他們溝通。那些人有時對於行事的順暢度，會發揮意想不到的作用。

滿足對方虛榮心，就容易達到目的

稱讚對方自我得意的地方，就是為自己鋪路；滿足對方虛榮心，自己提出的要求就更容易被接受。

從對方得意的地方談起，這是辦事速成的一條捷徑。

每個人都有自認爲得意的地方，不管別人怎樣看，在他自己看來，都認爲是一件值得紀念的事情。

在行動之前，如果能預先做好充分的準備，在交談時有意無意地提起，在一般的情況下，對方一定因此感到很高興。

一所偏僻小學的校長沒有足夠的資金修繕校舍，多次按照規定向政府提出申請，卻始終沒有結果，不得已，只好向該地區水泥工廠的總經理求援。

校長之所以打算找該總經理，是因為這位總經理相當重視教育，曾捐出一百萬元發起成立教育基金會。

但遺憾的是，聽說近兩年由於政府積極取締汙染嚴重的企業，因此水泥廠花費大量的資金在汙染防治處理上，在經營上也遭遇到了前所未有的困境。

校長知道這個情況，雖然覺得水泥廠提出援助的希望渺茫，但是他只要一想到全校師生的生命安全，只好「背水一戰」了。

校長到水泥廠拜訪，對總經理說：「我最近開會時一再聽到教育界的同仁對您的稱讚，實是欽佩！」

總經理連忙回答：「不敢當！不敢當！」

校長接著說：「總經理，您真是遠見卓識，創辦的教育基金會不但確實對教育事業產生積極的支持作用，更重要的是，您的觀念也影響深遠。教育基金會由您始創，如今已經由點到面向外擴張，發展到全國許多地區，真可謂名揚四海！」

校長緊緊圍繞總經理頗感得意之處，從觀念影響到實際作用等方面都予以充分的肯定，談得總經理滿心歡喜。

接著，校長訴說了自己的「無能」和悔恨，「身為校長，明知校舍急需維修，時時困擾著學生的學習，危及師生的生命安全，卻毫無解決的辦法。要是教育界的上級都能像總經理這樣真心愛才、支持教育，只要提撥一百萬錢就能卸下我心頭的重石。可是向上呈報了十幾次，至今卻依然沒有下文。」

聽到這裡，總經理立即起身拍拍胸脯，慷慨地說：「校長，你就不必再繼續求三拜四了，這一百萬錢我捐給你們。」

校長緊緊握住總經理的手，表示由衷地感謝。

法國思想家盧梭曾經寫過一句值得深思的警句：「禽獸根據本能決定取捨，而人類則通過算計來決定取捨。」

人活在世上，不管做人或做事，難免會遭遇許許多多難題。我們不難發現，成功者並非比失敗者有腦筋，只不過他們面對問題之時，比失敗者多了一點心機。

這位校長十分精明，在瞭解對方的情況之下，用美譽推崇的方式獲得了募捐的成功。

首先，他對總經理遠見卓識，首創教育基金會的行爲，從思想影響到實質成效方面都給予充分的肯定和適當的讚揚，稱頌他對教育產生了極大的鼓勵作用。

接著，他再悲訴自己的「無能」，激發對方的同情心，進而深深地打動了對方，達到預期的目的。

稱讚對方自我得意的地方，實際上就是肯定對方的人生價値肯定，有誰不喜歡自己獲得肯定與讚賞呢？

看準他人的發光點猛烈進擊，既是對對方的尊重，同時也在爲達成自己目的鋪路。只要滿足了對方虛榮心，自己提出的要求就更容易被接受。

理由充分就能說服別人

人與人之間的交流，很多時候說的都是「是什麼」，如果你能恰如其分地表達出「為什麼」，就會給人耳目一新的感覺，別人也會更願意聽取你的建議。

凡事在執行之前都需要理由，理由是否充分，將直接關係到事情的結果。所以，當你準備做某件事或者說服他人的時候，一定要事先考慮周全，以免把事情搞得一團糟。

充足的理由會讓你的想法順利過關。

大陸電影〈周恩來〉中，鄧穎超的扮演者是從未上過鏡頭的湖南畫家鄭小娟，儘管她初次登上大銀幕，但是塑造出來的人物形象光彩照人，留給觀眾十分深刻的印象。

但是，一開始時她其實並不願意參加演出，而是經過丈夫用充足的理由說服之後才接了戲，最後還取得了不錯的效果。

在一次偶然的機會，鄭小娟被導演看中了。當導演邀她拍片時，她以身體不好為理由一口謝絕，而且拒絕得斬釘截鐵，沒有商量的餘地。

後來，影片籌備工作就緒，眼看就要開拍了，但「鄧穎超」卻仍然找不到合適的人選，導演非常著急，無奈之下，只好再次親自登門拜訪鄭小娟。

這天恰好鄭小娟的丈夫姜先生一個人在家，聽了導演的來意，一口幫鄭小娟答應出演鄧穎超一角。鄭小娟回到家之後，瞭解了事情的經過，十分不高興，不住地埋怨丈夫，不經她的同意便自作主張。

姜先生笑著說：「我代妳答應演出鄧穎超是經過充分考慮的，雖然妳從來沒有拍過戲，但藝術的規律是相通的，妳不用為了不懂表演藝術而擔心，只要用心去學就不會有困難。其次，這對妳的事業很有幫助，妳想在美術方面有所發展，也應該從表演藝術中汲取養分。此外，趁著拍電影。妳可以和更多藝術界的人接觸，拓展社交領域。」

丈夫充足的理由和曉之以理、動之以情的一席話終於打動了她的心，於是她拋棄了顧慮，鼓起勇氣，欣然走進《周恩來》劇組，並且一舉成名。

姜先生勸鄭小娟參加演出之時，並沒有用長篇大論的艱澀道理，只是用簡單充分的理由，就輕鬆地說服成功。

由此可見，在說服人的時候，無論多麼口才便給，都要以恰當充分的理由作爲支柱。

人與人之間的交涉或交流，很多時候說的都是「是什麼」，如果你能以充分的理由，恰如其分地表達出「爲什麼」，就會給人耳目一新的感覺，別人也會更願意聽取你的建議。

用耐心搞定難纏的人

求人辦事時應該用耐心等候對方改變心意，只要讓對方點頭答應，還有什麼事情搞不定？

優柔寡斷的人遇事猶豫不決，拿不定主意，這種人最討厭受到逼迫，如果你過於著急，態度強硬，往往會適得其反，甚至會與對方反目成仇。

因此，對於這樣的人必須要有足夠的耐心，不能疾風暴雨，要和風細雨，慢慢地接觸、交涉，讓他反覆權衡利弊，列出多種方案進行比較，然後選擇最佳的方式，如此才能達到說服的目的。

一九三〇年，中原大戰爆發之後，雙方展開拉鋸戰。

張學良因形勢不明朗而拿不定主意應該要加入蔣介石一方，還是中共那一方。

就在這個關鍵時候，蔣介石派吳鐵城前去說服張學良。由於張學良對說客拒而不見，吳鐵城便在飯店開了一套高級客房，讓夫人出面邀請東北軍將領聚會，包括張學良。

他們經常聚在一起打麻將，在過程中漸漸消除了對方的戒心而且成為朋友，話題越扯越接近戰事，吳鐵城不著痕跡地將蔣介石對張學良的渴求悄悄地灌輸給東北軍諸將領。

吳鐵城還在這個過程當中探知當年是張學良的三十歲壽誕，便秘密打了封電報到南京。

蔣介石獲悉這個消息之後，先是派代表前去祝壽，接著打電報，然後親自寫了封賀卡，還送賀禮隆重祝壽。

漸漸地，張學良的態度倒向了蔣介石，最後在瀋陽發出「和平通電」，表示易幟擁蔣，終於結束了一場戰亂。

吳鐵城用耐性說服了張學良的例子，說明了只要能解決關鍵人物，就能順解決事情。

但是，要搞定難纏的人物，往往需要過人的耐心。保有充分的耐心，能讓你的思維更加縝密，讓你在山窮水盡處能靜下心來凝視，終能看到柳暗花明的轉機。

耐心既是一個人修養的展現，也是求人辦事時應抱持的心態，用耐心等候對方改變心意，只要讓對方點頭答應，還有什麼事情搞不定？

PART

5

微笑，是最有效的溝通技巧

社交活動中，微笑是一項極有效的技巧，更是禮貌的體現，可以表現出一個人的涵養和水準。

微笑，是最有效的溝通技巧

社交活動中，微笑是一項極有效的技巧，更是禮貌的體現，可以表現出一個人的涵養和水準。

「微笑是一句世界語言」，這句話的可信度，無須質疑。

的確，現實生活中，最容易被人接受和理解的表情，非微笑莫屬。沒有人不會微笑，不管性別年齡差異或是地位高低，人人都擁有微笑的權利。它能給家庭帶來歡樂，讓朋友備感溫馨，是世界上最好的禮物。經常把微笑掛在臉上，是讓他人喜歡你的不二法門。

湯瑪斯・愛德華是一家上市公司的負責人，也是一位擁有億萬財富的富翁。在他取得成功之前，不過只是一家公司的小職員，不善言談、表情呆板，根本不受同事與客戶的歡迎。

後來，他決定改變自己，開始經常把開朗、快樂的微笑掛在臉上。很快地，所有人都意識到了愛德華的與眾不同。

他開始每天早上都對妻子微笑，這個小動作完全改變了夫妻倆人的相處氣氛，讓他感受到比過往更多的幸福。

對身邊每一個人，他都以笑臉相迎，對大樓的電梯管理員如此，對大樓門廊裡的警衛如此，對清潔人員同樣如此，更對所有的同事和客戶展露微笑。理所當然，每個人回報給他的也都是微笑。

就這樣，過往討厭他的人逐漸地改變了觀點，也與他拉近了距離。湯瑪斯・愛德華變成了一個受歡迎的人，曾經感到棘手的人際問題，全都得以順利解決。

愛德華的事例，清楚地說明了微笑的重要，這正是他後來取得成功的一大原因。因爲學會了讚美他人、尋找他人的優點，站在別人的立場看事物，他擁有了快樂、友誼，成了一個眞正幸福的人。

下面，是另一則與微笑和溝通相關的故事。

張主任所在的單位，有一個很難填補缺額的部門要招聘一名員工。張主任找到一個很合適的人選，並主動與對方通了幾次電話。交談過程中，他得知還有好幾家公司也希望延攬對方，且實力都比自己所在公司強。

想不到，幾番思索後，這位合宜人選竟向張主任表示自己願意放棄其他公司的邀約，接下這份工作。

後來，在一次午餐中，張主任終於得知這位優秀人才願意加入公司的原因。對方是這樣說的：「其他公司的主任與經理，透過電話與我交談時，態度和語氣都非常生硬，相當拘謹客套，給我的感覺並不真誠。可是你卻完全不同，聽起來很親切，感覺確實是真誠地希望我能成為你們公司的一員。」

「當時，我似乎看到，電話的那一邊，你正面露微笑與我交談，因此我在聽電話的時候，也會情不自禁地以微笑回應。」

社交活動中，微笑是一項極有效的技巧，更是禮貌的體現，可以表現出一個人的涵養和水準。

曾有一位深深體會到微笑妙用的公司負責人說：「在我決定對手下員工微笑以後，最開始，大家非常不解，感到不可思議，接下來收到的回應就是欣喜與贊許。一段時間之後，我感覺生活比過去快樂多了，能夠得到的滿足感與成就感也較過去來得更多。」

「現在，微笑對我來說，已成為一種習慣，我對別人微笑，別人回報給我的也同樣是微笑，過去冷若冰霜的人，現在全都熱情友好起來。我的人際溝通交流，得到前所未有的成功。」

千萬別吝惜向人展露出微笑。笑一笑，溝通更順暢，你將發現自己因此更接近成功，更少煩惱。

善用讚美，更添成功機會

與同事溝通時，要能夠恰當地利用讚美增進雙方的感情，這麼做能有效改善工作環境與氣氛，有利於事業的發展。

想要與人展開良好溝通，微笑是必備的基本條件，另外還有一把能有效攻城掠地的武器，就是「讚美」。

當然，讚美有很多種，若是運用不當，非但沒有幫助，還會導致反效果。爲了讓讚美確切打動人心、發揮功效，首先必須先認清讚美的兩大種類。

- **直接讚美**

顧名思義，直接讚美就是當著對方的面，用明確、具體的語言，直接稱讚對方的行爲、能力、外表或其他任何優點。

有一位非常精明強悍的老闆，極擅長與員工溝通，每天晚上，他都會寫一些便條給下屬，獎勵他們的某些優秀表現，例如：「傑克，你的主意很棒！好好幹吧！」「萊瑞，多虧了你今天的優異表現，公司得到一筆大生意，今後也請繼續加油。」

因為如此，員工全都心服口服，願意為公司賣命。

另外，針對生活中的小細節進行讚美，也相當有效。

比如看見同事買了一件新衣服，你可以說：「這件衣服看起來眞不錯，穿上之後，看起來精神眞好。」

這樣的直接讚美證據及針對性極強，不會讓人誤解，效果相當好。

●間接讚美

不直接挑明，而是運用語言、動作、行爲向對方表示自己的讚賞，比如在聆聽對方談話時不斷地微笑點頭，或者恭敬地向他人請教問題，都是一種間接且含蓄的讚美，可以使對方產生好感。

同事之間，恰如其分的讚美能夠聯絡感情、增進友誼，但一定要以眞心實意、誠懇坦白爲基礎，並注意時機的選擇。

進行讚美時，應該注意以下幾點：

1.讚美的話語不要太誇張，言過其實的「讚美」，往往等同於「拍馬屁」，會讓人心生反感。

2.注意讚美的次數，只讚美真正該讚美的事情。過於頻繁就失去了讚美的意義，顯得浮誇不實。

3.不要在有求於人的時候大肆讚美對方，這只會讓人覺得你的動機不良，從而增加戒心。越是在自己不求對方什麼的時候，越該真心實意地表示讚美，如此效益最大。

4.針對不同的對象，選擇不同的讚美語言。若為同輩，可讚美他的精力、才幹、業績和風度；對於長輩，可以讚美他的健康、經驗、知識和成就；對於女性，可著重於讚美外表和服飾品味等。

與同事溝通時，要能夠恰當地利用讚美增進雙方的感情，這麼做能有效改善工作環境與氣氛，有利於事業的發展。

懂得利用微笑進行溝通的人，人緣必定會逐漸得到改善，並且相對地得到他人的讚許。

眞誠的微笑是善意的信使，可以將自己的眞誠心意傳遞出去。沒有人喜歡幫助那些整天皺著眉頭、愁容滿面的人，更不會信任他們。因此，即便在身負沉重壓力同時，仍要告訴自己面帶微笑，看向世界的美好，善用微笑與讚美，拉近自己與成功的距離。

與人合作，更能提高收穫

學會與人相處，用溝通化解生活中的不協調因素，為好人、行好事，方能保證職場上的暢通無阻。

有一則相當發人深省的故事，是這樣說的：

一天，一個人向上帝提出請求，希望能夠參觀天堂與地獄這兩個地方，以便對將來的歸宿做個聰明的選擇。

上帝答應了這個要求，首先帶他去參觀地獄。一進入地獄之門，這人便為映入眼簾的景況深感吃驚。所有的人都坐在擺滿了美味佳餚，水果、蔬菜、肉食的酒桌旁，但一個個都顯得愁眉苦臉、無精打采且面黃肌瘦。

原來，這裡每個人的左手都拿著一把叉，右手則拿著一把刀，刀和叉長都有足足四尺，根本就不能把飯菜送到自己嘴邊。雖然面前擺著美味佳餚，人人卻都只能挨餓。

然後，這個人又隨上帝來到了天堂參觀。

更讓他吃驚的是，那裡的景象和地獄沒有什麼兩樣，甚至連人們手中拿著的餐具都一樣，唯一的不同，在於天堂裡的所有人都笑容滿面，吃得非常飽。

為什麼有如此差別呢？原來，地獄裡的每個人只想把飯菜送進自己嘴裡，最終什麼也吃不到，天堂的人則正好相反，懂得互相幫助，相互餵飯吃，克服了餐具太長這個問題。

這個故事告訴我們，得到幫助的前提，是先向他人提供援手。給予別人的越多，自己得到的就越多，彼此相互溝通是得到成功、締造雙贏的不二法門。

以下，提供與同事合作的四大要點：

● 給予他人幫助

幫助別人，實際上不僅僅是幫助自己，更是壯大自己。別人得到更多，不代表自己會相應地失去些什麼。千萬不要錯誤地認爲給予他人幫助就是自己的損失，實際上，懂得付出的人才能眞正地成就大事。

●不要單獨行動

在團隊中，每個成員都應該具有奉獻意識和團結精神，不要總是單獨行動，這對自己沒有益處。

應該在團隊中貢獻出自己的聰明才智，大膽地表述自己的觀點，拿出信心。即便眞的覺得自己的觀點或表現比不上別人，也不用消極地躲避團隊，不參加大家的任何活動。

●發出自己的聲音

想要順暢無礙地與人溝通，首先應清楚地表達你的觀點，並做詳細說明，虛心聽取他人的意見，努力瞭解其他觀點及理由。

直接準確地回答他人提出的問題，而不單單只闡述自己的觀點，對提高參與度有極明顯的效果。

●尊重他人

即使認爲自己無論在知識、能力上都比其他同事強，也不要鋒芒畢露，別忘了適度地尊重他人的意見，給他人表現自我的空間，將團隊的作用和精神發揮到最高點。

在任何一個單位或組織當中，都會有資格較老的同事，有的可能會幫助你、引導你，使你儘快地融入工作團隊當中，但也有一些道德修養較差的人，會對新同事採取打壓、欺負態度。對於喜歡找麻煩的人，在自己的能力尚不成熟前，最好避免直接衝突，儘量地遠離。

學會與人相處，用溝通化解生活中的不協調因素，爲好人、行好事，方能保證職場上的暢通無阻。

懂得聰明說話，什麼都不怕

為了使自身能力與事業得到順暢發展，與同事溝通交往時，一定要多留個心眼，多方注意。

阿諾德．本奈曾說：「日常生活中發生的衝突糾紛，大都起因於那些令人討厭的聲音、語調，以及不良談吐習慣。」

現實生活中，有些人人緣很好，極受歡迎，但也有些人處處得罪人。究其根源，在於說話方式是否夠聰明。

許多人想透過溝通達到目的，卻往往弄巧成拙、事與願違。遇到這種情況，得先尋找自身原因，看看自己說話時是否注意到了以下幾點：

• 語言婉轉

人人都有自尊心，差別只在強弱而已。

雖然人的職位有高低之分，但人格絕對是平等的。經常責怪他人，必定會一而再再而三地傷害他人自尊。用責備的口氣糾正別人，即便出發點是善意的，也會讓人感到難以接受。

有些人性格比較直，說話不喜歡轉彎抹角，這雖然不是什麼缺點，卻不好讓人接受。在辦公室與同事溝通尤其應當注意場合，避免說出過於尖銳、讓人下不了台的話，傷害彼此的感情。

• 避免嘮嘮叨叨

喜歡訴苦的人最容易犯這樣的錯誤，一見到別人，椅子還沒坐熱，就開始向他人哭訴自己的不幸，抱怨命運的不公。

可想而知，這種個性的人，絕對讓人敬而遠之，不願結交。

● 實事求是

與同事談話過程中，對自己不知道的事情，要虛心向他人請教，最忌諱不懂裝懂，更不該扮演心理分析學家的角色，對別人的言行胡亂猜測，以顯示自身知識淵博，經驗豐富。

人無完人，不可能事事皆通，能在某個領域得到出色成績就已經是很不簡單的事了。不懂裝懂只會令人生厭，所以應實事求是。

● 給他人留些空間

有些人做什麼事都喜歡標新立異，老是彰顯自己，對他人做的任何事情都看不順眼，這種情況非常要不得。

也有些人自認高明，做什麼事都單獨處理，不肯與他人合作，將自己封閉起來。這種態度就是標準的自命清高，同樣不會受到歡迎。

● 把別人的話聽完

現實生活中，具強烈表達慾望的人很多，總是不識時務地打斷他人的話，表達自己的看法，不管對方是否願意傾聽。

不妨將心比心想一想，說得興高采烈時被貿然打斷，感覺會好受嗎？毫無疑問，這種人必會爲團體排斥。

此外，與同事說話應注意尺度，避免因傷害導致日後的溝通障礙。

把話說得恰到好處，不僅對順利地開展工作很有好處，也能爲辦公室營造出良好的工作氛圍。

●不要於背後議論他人

小李在一家公司擔任業務員，平時最愛在背後說別人的閒話。

一天，一位新來的業務員和他一起出去辦事。

回程途中，小李和這名新人聊起公司內部的閒話，說這項措施不好、那項也不怎麼樣，同事們有什麼樣的缺點，主管又有哪些討人厭的毛病，把全公司上下都批評了一頓。

第二天，小李一到公司就被主管找去，狠狠批了一頓，原因不言而喻。昨天所說的那些批評的話全都傳到了同事和主管的耳朵裡去，讓小李差點落得被公司解雇的下場。

當你在某位同事面前議論其他同事的短處，並要爲你保密，對方即便嘴上滿口答應，心裡也一定會想：「你今天會在我面前議論別人，改天一定也會在別人面前議論我。」於是產生防範心理。

千萬要記住，不要在背後說他人是非，因爲這是人際相處明哲保身的最大忌諱，不僅傷害他人，也會給自己添麻煩。

•正視自己的錯誤

若在工作中犯了錯誤，你可能會爲自己辯解，找出一堆理由。即使這些理由全是眞的，你也爲解釋浪費了大量的精力，會得到什麼樣的結果？能得到他人的同情或者理解嗎？

很遺憾，恐怕都不可能。

與其如此，還不如默默尋找原因與解決的對策，積累經驗，重新開始，以最好的成績來取代解釋，讓人們打從內心欽佩。

同理，若你在無意間傷害到同事，與其刻意去解釋，不如眞誠地道歉。極力爲自己找藉口不是聰明的行爲，往往只會越描越黑。

誰都難免因爲一時疏忽而犯錯，既然難以完全避免犯錯，眞正重要的就是對待錯誤的態度。

大家同處在一個工作環境中，磕磕碰碰在所難免，關鍵在於如何讓溝通發揮功效，及時應對處理。

無法處理好與同事的人際關係，必會影響到工作的正常進行以及事業的發展。爲了使自身能力與事業得到順暢發展，與同事溝通交往時，一定要多留個心眼，多方注意。

溝通方式，因「個性」制宜

只要你認真摸清每個同事的性格和習慣，擺正心態，真誠地與對方進行交流、溝通，解決各種難題就不會是問題。

每個人都有不同的性格、愛好、興趣，因此在溝通時必須注意這一點：針對不同性格的人，要以用不同的方法進行溝通。方法運用得當，自然溝通順暢，如果方法不當，定會引起人的反感，使結果適得其反。

與不同類型的同事溝通，應該採用不同的方法，嘗試去適應對方，而非讓對方來適應你。

以下，提供與幾種不同性格同事溝通的好方法：

●性格比較刻板的同事

有些人性格比較刻板，常常是一副冷面孔，無論多熱情地和他打招呼，他都是一副冷冰冰的樣子，令人不敢接近。

這種性格刻板的人，興趣和愛好比較單一，不愛和別人往來。其實，這些人也有自己追求的目標，不過不輕易說出來罷了。

與這類人打交道，非但不能被他的冷若冰霜嚇跑，還要用熱情加以感化，並且認真觀察，尋找出他感興趣的問題和比較關心的事，作爲展開交流的媒介。如此，相信他的死板性格將會慢慢被融化。

●傲慢自大的同事

平常接觸到的同事中，多多少少會有一些表現傲慢者。

與這種人打交道，的確使人頭疼，但往往基於工作上的需要，又不得不和他接觸，這時，不妨採取以下方法：交談時儘量做到言簡意賅、乾脆俐落，不給對方擺架子的機會；其次，抓住他的薄弱環節，進行適當的「攻擊」，滅滅他的威風與銳氣。

•沉默寡言的同事

和沉默寡言的同事溝通，也是件比較費力的事。

這樣的同事會使人感到一股沉悶的壓力，讓你沒辦法接近、瞭解他，更無從得知對方對自己是否有好感。

對於這類同事，不妨採取直接了當的方式進行交流，儘量避免迂迴式談話，讓他明白簡要地表示「行」或是「不行」、「是」或是「不是」就可以了。

•爭強好勝的同事

爭強好勝的人狂妄自大、喜愛自我炫耀，凡事都想顯現出高人一等的姿態，自我表現慾強烈，期望自己什麼都比別人強。

面對這種人，就算內心深處有意見，爲了顧全大局，仍該適當謙讓。但是必須注意一點：如果他把你的遷就忍讓當作是軟弱，變本加厲，更加不表尊重，你就該給予適當反擊，讓他受點教訓。

●比較固執的同事

固執己見的人往往難以說服，無論別人說什麼，他都聽不進去。和這樣的人打交道，非但累人且浪費時間，往往徒勞無功。

所以，不得不與固執己見的人溝通時，要懂得適可而止，實在談不攏，就不必耗時費力了。

●急性子同事

性情急躁的人，辦事比較果斷、草率，因此容易對事物產生錯覺和誤解，導致疏失產生。

遇到性情急躁的人，最好能將事情的順序辨明，按部就班解決，不要把問題一次性地全拋出去，以免除不必要的麻煩。

• 慢郎中同事

有急性子，自然就有慢郎中。與慢郎中同事交往，需要有耐心，即使他的步調總是無法跟上你的進度，你也必須按捺住性子，儘量配合。

在一個公司裡，會遇見不同類型的同事，爲了工作順暢，免不了得與他們交流、溝通，建立起一定的關係。不要把這當作困難的事情，只要你認眞摸清每個同事的性格和習慣，做到心中有數，擺正心態，眞誠地與對方進行交流、溝通，解決各種難題就不會是問題。

別當毫無原則的「濫好人」

答應任何請求之前，都要先審慎考量自己的能力，免得辦不成事，又得罪身邊的同事，得不償失。

法國皇帝拿破崙曾經說過一句很有道理的話：「我從不輕易許諾，因為許諾容易造成不可自拔的錯誤。」

同事之間既競爭又合作，免不了需要相互幫忙，這很正常，但有一點需要注意：在答應幫忙別人之前，一定要考慮清楚自己是否具備把事情處理好的能力，然後再做決定。

同事之間相互幫忙固然是好事，但是對於有些難辦的事，最好不要隨便答應。

搪塞性的應允，最後的結果通常會讓自己難堪。

爲了一時的情面接受自己根本無法做到或做好的事情，一旦搞砸了，同事並不會考慮到你當初的熱忱或難處，只會以這件事的成敗來評價你。

就算是平時互動的關係不錯，但在同事拜託自己幫忙辦事時，仍不要不加分析地全盤接受。

現實生活中，有很多事並不是想辦就辦得到的，免不了受各種條件、因素的限制，總有一定難度。因此，當同事求你幫忙時，千萬要考慮清楚，覺得自己辦不到，便該直接拒絕。

如果很難拒絕，可以找個藉口稍微拖延，比如「讓我想想辦法」或者「過一段時間再說吧」，然後再慢慢地把事情淡化。

總之，答應任何請求之前，都要先審愼考量自己的能力。

如果非常爲難，就要實話實說，免得辦不成事，又得罪身邊的同事，弄得處處不討好，得不償失。

適度表現自己的能力

與其靠別人發現自己，不如積極地選擇洽當的場合，將自身才能以恰當的方式表現。

身在職場，免不了得與上司進行溝通交流，結果將直接影響到個人的前途發展。有效與上司溝通，可以增加感情，有利於幫助自己獲得更多、更好的機會。與上司溝通時，應遵循以下原則：

● **該爭時則爭**

當今社會充滿了競爭，而競爭又和機遇與成功息息相關，毫無疑問，過分謙讓會將晉升和成功的路堵死。

如果自己的確具有能力，就該適當地用工作成就、技能、才幹和潛力來吸引上司，表現自己，爭取更上一層樓的機會。與其靠別人發現自己，不如積極地選擇洽當的場合，將自身才能以恰當的方式表現。

• 懂得表現自己

如果你覺得自己一直被大材小用，不妨透過下列幾種方法與上司溝通：

1. 將自己的能力在上司面前施展出來。
2. 經常把最新的資料與消息帶給上司，讓他感到你的重要。
3. 瞭解一下上司的好惡以及對工作的要求，設法投其所好，如此，要得到他的賞識就不難了。

如何巧妙地與上司接觸，是一門不簡單的學問。

如果自身口語表達能力強，就該在談話時突出語言的邏輯性和流暢性；如果你的專業能力強，談話時就要說得詳細一點，主動介紹一些與自身專業相關的事物。

如你多才多藝，又恰巧碰到同樣多才多藝的上司，不妨「拜師學藝」，討上司歡心，同時拉近彼此的距離，這是一種相當好的溝通方法。

除此之外，還可設法表現自己的忠誠與服從，儘量在交談上力求熱情、親切，講出你之所以附和上司的原因。一般情況下，上司們都會喜歡聽見你爲他的意見和觀點找出新理由，因爲這樣既表現出了你的能力，又可爲上司臉上貼金。

下面，再提供與上司接觸必須遵守的幾項要點：

1. 如果接觸機會不多，就力求讓每次接觸都有實質意義。
2. 弄清上司喜歡的交流方式，適度地增加接觸機會。
3. 選好主題，做出充分的準備，加重接觸的分量。
4. 接觸之前，先找出自己溝通上可能存在的缺點，加以克制，以免造成上司的誤解或不耐煩。

遵循以上的原則與要點與上司接觸，你將發現彼此之間的距離不再那麼遙不可及，溝通自然不再是難事。

好惡決定了事情的角度

當別人批評我們時，不必急著辯解，因為別人有別人的好惡，何不用一顆平常的心，來看待外界的褒貶與毀譽呢？

同一個人，同一件事，由於觀看的人不同，主客觀的環境不同，因此也往往產生了不同的評價。

缺乏自知之明的人，總是迷惑於眼前的成就，總是稍有成就便自鳴得意，忘記世事是變動不羈的，有時甚至陷入險境而不自知。

彌子瑕年輕貌美的時候，是衛靈公最寵愛的美少男。依當時的法律，私自乘用君主的車子，是要處以刖刑，會被砍斷雙腿的。有一次，彌子瑕的母親生了重病，彌子瑕在深夜裡得知這個消息，心急如焚，便假託君主的命令，私自乘坐車子出宮回家。

衛靈公知道了這件事，不但沒有生氣，反而大大地讚許他：「真是個孝順的人啊！為了探望病重的母親，竟然不顧自己觸犯了刖罪，值得表揚。」

又一次，彌子瑕陪伴衛靈公到花園裡遊玩，良辰美景當前，彌子瑕吃了花園裡的桃子，覺得非常甜美，就把剩下的部分送給了君主吃。

衛靈公非常高興地說：「你真是貼心！遇到好吃的東西捨不得吃，犧牲自己的口福，留給我吃。」

後來，彌子瑕年華老去，容貌也逐漸衰退了，衛靈公不再把他捧在手心，一不小心做錯了事，衛靈公就很氣憤地說：「彌子瑕這個人實在太過分了，假冒我的命令乘用我的車子，又把吃剩的桃子給我吃，一點也不把我放在眼裡。」

於是，就把彌子瑕趕出皇宮了。

爲了出人頭地，人難免會設法表現自己，盡力討別人的歡心，這只不過是一種手段，並無可厚非。不過，隨著地位與成就日益提昇，人際紛擾也會跟著衍生，這時就必須小心提防別人的觀感和好惡出現變化。

其實，彌子瑕從頭到尾言行舉止始終如一，改變的人並不是彌子瑕，而是衛靈公自己的觀感。

主觀的好惡，決定了一個人看事情的角度，就算事情已經做得盡善盡美，也還是有人會從雞蛋裡挑骨頭，不能十全十美。

面對別人的肯定時，心裡固然欣喜，但也該想到不同人的不同看法；反之，當別人批評我們時，也不必急著辯解，因爲別人有別人的好惡，不是有理就能說得清的，何不用一顆平常的心，來看待外界的褒貶與毀譽呢？

PART

6

保持冷靜是解決糾紛的最好途徑

身為下屬，必須謹記一件事情：無論如何，都要讓自己保持冷靜，同時做好自己該做的事。

小心功高震主招來災禍

誠意真心總是敵不過現實猜忌，在競爭激烈的社會，偶爾反向操作才能保護自己，不致於因為功高震主招來災禍。

安份守己不代表要全盤托出自己的赤誠愚忠，展現自己的才能比任何人強，也不一定能得到讚許或拔擢。

因爲，所有積極力爭上游的人，都是爲了高人一等，一旦這些人好不容易登上了高峰，他們當然只想一個人獨佔峰頂。

蕭何在滅楚與漢大業中立有大功，劉邦也因此將他排在眾臣之首。

後來，韓信被誣告謀反，當時劉邦正巧出征在外，由蕭何協助呂后掌理內政，設計除掉了韓信這個心腹大患。

由於平亂有功，蕭何的官銜便從丞相提升為相國，封地也增加了五千戶，此外，劉邦還賜了五百名士兵給他。高升之後，相國府天天都有人前來祝賀，唯獨一位名叫召平的秦朝遺老竟然登門致哀。

他對蕭何說：「你就要大禍臨頭了，如今主公餐風宿露征戰於外，您只是坐鎮京師，什麼戰功也沒有，主公卻讓你增封地、設衛隊，這是為什麼？你以為理由真的那麼單純？其實是因為韓信剛剛謀反，主公對你心存懷疑，想以此對你加以籠絡，絕非寵信你啊！」

蕭何一聽，連忙請教：「我應該怎麼辦？」

召平回答：「把封賞讓出來不要接受。此外，你還要將自己的家產拿出來資助前方軍隊，如此一來，主公必定十分高興。」

蕭何認為他說的十分有理，便依計行事，果然立即得到劉邦肯定的回應。

又過了一年，英布謀反，劉邦再一次率兵出征，不過在前線指揮作戰時，他卻不斷地派使臣回京師，目的竟是想打聽蕭何在做些什麼事。

盡忠職守的蕭何原本想：「皇上出征在外，我身為相國，本該盡心安撫百姓，並多籌備糧草輸往前線。」

但不久，又有貴人向蕭何說：「您恐怕會有滅族大禍啊！如今您貴為相國，功列第一，官不可再升，功不可再加，然而，自您進駐關中十幾年來卻甚得民心。唉，如今主公經常派使臣來打聽您的情形，正是擔心相爺的聲望太過響亮啊！皇帝很擔心您會對他構成威脅。」

蕭何一聽，吃驚地問：「那我應該怎麼做才好？」

貴人建議說：「您可以四處壓價買田，故意高利放債，令民怨四起，如此才能讓多疑的主公卸下心防。」

蕭何聽從了他的意見，也這樣做了，果然劉邦再也沒有派使臣前來監視了。當劉邦班師回朝時，看見老百姓紛紛上書狀告蕭何，劉邦卻一點也不怪罪他，反而將老百姓的狀紙交給蕭何，還笑著對他說：「你自己處理吧！」

即使「功高震主」，處事也絕不能「喧賓奪主」，就像故事中的蕭何與劉邦的關係。畢竟對大多數的領導人物來說，他們好不容易坐上了龍椅，自然不肯輕易離座，面對著台下虎視眈眈的企圖者，他們更是小心翼翼地防範著。

蕭何心中只有安分盡職之意，這樣的防備與猜疑當然很冤枉。然而，誠意眞心總是敵不過現實猜忌，在競爭激烈的社會，偶爾反向操作才能保護自己，雖然有違己心，但這確實是保障自己的最好方法。

人生路偶爾要靠自己製造彎道，不要一路直線前進，因爲那樣不僅不易隱藏鋒芒，還很容易被自己的小聰明誤事。

所以，別擔心小小的轉彎會耽擱了前進的時間，因爲在轉彎處，我們反而更能看清人心的險惡與可怕的陷阱。用小小的延誤換取永遠的平安，哪一個才是聰明的選擇，相信你一定知道。

不知明哲保身，就會遺憾終身

選擇明哲保身才是良策。一旦參與了過多的口舌之爭，很快地也會成為搬弄是非之人，並深陷是非的囚牢中。

對一般人來說，退一步不是爲了更進一步。很多時候是因爲我們走得太急了，猛地驚覺自己正臨危崖邊，所以急退一步以求自保。不想經常身陷險境，希望每一次都能及早轉彎以自保，那麼便要知道急功近利的危險。想看見圓滿幸福的未來，那麼就要懂得明哲保身。

范蠡協助越王勾踐成功復國後不久，便向越王表示退隱之意。儘管當時已官封將軍，然而坐在高位上，范蠡手握權力不像其他朝臣那般得意，心中反而多了些壓力，甚至扛著許多擔心。

原來，范蠡早已發現越王不是個能共享安樂的君主，因為當群臣開心地設宴歡慶時，唯獨勾踐的臉龐上不見開心神色。

冷靜旁觀後，范蠡心底有了結論：「為了爭回國土，越王不惜群臣生命，以死拼搏。如今心願已償，看來是不想將成就歸功臣子。」

范蠡將陪伴君側遭遇之事一一歸納後，對於越王勾踐的個人特質也越來越明白，最後也有了新的決定：「大王，臣服侍您已二十餘年了，如今總算功成事遂，心願已了，懇請大王您允許老臣告老還鄉，輕輕鬆鬆地安享晚年吧！」

一聽見足智多謀的范蠡想離開自己的身邊，多疑的勾踐自然擔心多於欣喜，只聽他緩緩地問：「先生為何不留在我身邊呢？我很願意與您分國共治，如果我不能遵守諾言，就讓我身敗名裂，妻兒戰死。」

「分國共治？」頭腦清醒的范蠡當然知道這是個餌，對於世態炎涼，他早已分辨清楚，雖然勾踐拍胸保證，但是他更清楚勾踐心底別有所圖，對此他不奢望也不敢多想，因為，當務之急是做個急流勇退的智者。

於是，范蠡回應他一個雙關語：「君行其法，我行其意。」看準越王的擔心與遲疑，范蠡匆匆地帶著家人們不辭而別。扁舟上，家人大惑不解地質問他為何這麼匆忙，范蠡沒有多做解釋，因為他清楚知道：「越早離開這個是非之地越好。」

政治上的君臣關係就像職場中的從屬關係，其中的現實面我們都很難避開。既然躲不開，我們只得勇敢面對，一如范蠡不戀棧權位。

什麼樣的主管可以緊跟腳步？什麼樣的上司值得我們掏心掏肺？

范蠡在故事中給了我們一個評鑑的標準：「不能患難與共，又只想功勞獨佔的人，絕對不值得你為他犧牲。一個老是試探你忠誠度的君主，對於你的懷疑也必定永不停歇。因此，無論朋友交誼還是主僕關係，遇上這類人，我們寧可孤單獨行，也不要為爭一時而遺憾終身。」

我們經常會遇到是非之人，也難免會走過是非之地，對於無窮的紛擾，聰明的人從不加入，選擇明哲保身才是良策。一旦參與了過多的口舌之爭，很快地也會成爲搬弄是非之人，並深陷是非的囚牢中。

引申至生活中的小事，你是否還記得昨天話人八卦與道人是非？

生活在這樣虛實難定的日子中，糾結在這樣虛情假意的人際關係中，有多少人感覺快樂自在，又有多少人認爲如此才能看見幸福的人生？

「越早離開這個是非之地越好」，范蠡提醒自己，當然也更要我們時時警惕：「能誠心待人，才能免除危機；能遠離是非，必定能享受自在幸福。」

做一個真正聰明的下屬

與上司相處，一方面力求保護自己，另一方面也要顧及對方的顏面。掌握這兩大原則，溝通就不會出大差錯。

想要在職場一帆風順，首先要告訴並要求自己，在與上司溝通的過程中，一定要做一個聰明的下屬。

所謂聰明的下屬，首先要能幫上司解決工作中遭遇的問題。上司畢竟也是凡人，會遇到難以解決的問題，在這個時候，如果身爲下屬的你能適時地挺身而出，將問題圓滿解決，自然能夠得到上司的好評。

聰明的下屬不會爲上司增加負擔，而是想方設法爲對方減輕負擔，成爲組織中不可或缺的重要人物。

要想得到上司的提拔，其實並不難，只要你提升自己說話辦事的能力，並積極地朝正確方向努力，一定能夠實現。

• 巧妙應對上司的不公

有些時候，上司會無視你的業績，讓你受到不公正的待遇。這時，你該不該忍氣吞聲呢？

答案是否定的，該出頭的時候，就要設法讓自己出頭。

當然，絕不能怒氣沖沖地去找上司理論，而應心平氣和地與上司把事情談清楚，讓他清楚你的優異成績，順帶讓他指出你的不足之處。

如此溝通有助於日後工作的開展，下一次，即使他想再給你不公正的評價，也找不到合適的理由。

• 適度掩蓋自己的鋒芒

如果學歷比上司高、能力又比上司強，你非但不該得意，反而該更加小心，因爲這預示著你有「功高震主」的可能。

作爲上司，最忌諱的就是下級在自己面前顯示優越，特別是學歷和知識，這會讓他有種失去威信和尊嚴的危機感。所以，無論多想要讓上司知道自己的能力突出並加以重用，仍要以恰當的方式表現。

應先瞭解上司的性格特點，以此來完成他交給你的任務。同時，要非常眞誠自然地表示對上司的忠心，不管發生什麼事情，一定要與上司保持意見一致，讓他認識到你的忠心、你的能力。相信如此一來，經過一定時間的溝通磨合，他就會把你當作「自己人」看待，並加以善待。

●用合宜的方式反駁上司

對於上司的命令，若確定自己不能承擔，便應加以拒絕。但拒絕時要講究方式、方法和技巧：

第一、以委婉的方式拒絕。

拒絕、反駁的時候，委婉地提出自己的觀點，既可維護上司的面子，又能讓他感覺你說得很有道理，較容易使他改變原來的主張，轉而同意你的觀點。

第二、借助於他人的力量。

若上司要求你做某件事，你想拒絕又無法說出口時，不妨請信得過的同事伸出援手，借助他人的力量，達到拒絕目的。

會見上司之前，要與同事策劃好，一方贊成，一方反對，然後與上司爭論。爭論一會兒後，同事再向你這一方靠攏說：「似乎有些太勉強了。」如此一來，你就可以避免直接拒絕上司的尷尬了。

採用這種方法的好處之一，是讓上司認爲「這是經過大家討論之後才得出的結論」，因此任何一方都不會受到傷害。

與上司相處必須謹愼，一方面力求保護自己，另一方面也要顧及對方的顏面。掌握這兩大原則，溝通就不會出大差錯。

想「進諫」，要抓準關鍵

大凡聰明的下屬想要改變領導者的意見，不會直接了當地進諫，而是提出大量可行的建議，但將得出結論的工作留給上司。

身爲一名責任心強的下屬，發現上司的決策錯誤，爲了維護公司利益，應該給予忠告。但向上司「進諫」必須小心，得先仔細地考慮清楚，究竟該怎麼去說，才能取得最理想效果。

●不要刻意否定上司的意見

下屬向上司「進諫」，必須注意兩個層面：其一，從正面把自己的觀點告訴上司，其二，儘量不要給予否定和批駁，以避免與上司產生正面衝突。

假設你是某公司部門經理，由於業務發展迅速，需要配一名專管業務的副手。你想選一位有經驗的人，上司卻準備從其他部門派一名外行人給你。面對這種情況，你若懂得把話題焦點放在一名副經理自身應具備的條件上，而不是去否定上司選人不準確，就能較聰明地避免矛盾衝突，同時達到自己的目的。

●儘量私下「進諫」

向上司進諫，要多利用非正式場合，正式場合則給對方留足面子，這樣就不至於損及自己在上司心目中的形象，同時也有利於維護上司個人尊嚴，不至於使他陷入難堪。

美國心理學家羅賓森教授曾說：「大部分人都很容易改變自己的看法，但如果有人當眾說他錯了，他會惱火，更加固執己見，甚至全心全意地維護自己的看法。這不是因為那種看法多麼珍貴，而是他的自尊心受到了威脅。」

透過羅賓森的話，我們發現自尊心人人都有，都想去維護。所以在「進諫」時千萬不要忘記這一點：儘量私下進行。

●多提意見，少下結論

知名的成功大師戴爾．卡耐基曾經說過：「如果你僅僅提出建議，而讓別人去得出結論，他會覺得這個想法是他自己想出來的，這不是更聰明嗎？」

大凡聰明的下屬想要改變領導者的意見，不會直接了當地進諫，而是提出大量可行的建議，但將得出結論的工作留給上司。換句話說，即是由身爲下屬的你種樹、培育，但讓主管者摘果。

職場中上下級的關係非常特殊，所以也最難相處、最難溝通，但只要掌握了一定的方法和尺度，抓準大原則，一切就容易得多了。

現實工作中，各種類型的上司都有，特色和個性自然也各有千秋，需要你認眞揣摩，在實踐中找出與上司順暢溝通並自保的技巧，這才是最實用的。

保持冷靜是解決糾紛的最好途徑

身為下屬，必須謹記一件事情：無論如何，都要讓自己保持冷靜，同時做好自己該做的事。

工作中，上下級之間難免產生矛盾。碰到這種狀況，埋怨無濟於事，根本解決不了問題。因此，在抱怨上司的同時，也要檢討一下自己的行爲，因爲你很有可能基於對工作的不滿，而將所有責任都推到上司頭上。

遇到這種情況，切忌意氣用事、無理取鬧，因爲這是必定會把事情搞砸的最糟糕做法。但也不能忍氣吞聲，畢竟單憑逆來順受不可能在職場出人頭地。最好的辦法，該是採取以下幾點：

・弄清事情的真相

有時，上司的做法確實委屈了你，可你又不知原因何在。這時就該仔細調查瞭解，是不是上司眞的有意爲難，和自己過不去。

・當忍則忍

確定了上司是有意爲難，千萬不要盲目回擊，而要想辦法找出理由拆穿他，讓他知道你不是可以任意擺佈的棋子。

若暫時找不到反駁的依據，也不要胡鬧，最好的辦法是裝糊塗，暫時忍住，等找到合適的時機再另謀對策。

・理直自然氣壯

如果確實找到了上司有意爲難的證據，你就可以用自己所掌握的一切來與他理論。

這種時候，必須講究方法，畢竟辦公室不同於其他場所，上下級關係的距離不可逾越。在公眾場合拆穿上司，會讓他尷尬難堪，對自己沒有好處，因此最好於私下處理。切記，保持態度的不卑不亢，理直氣壯而不咄咄逼人，以留有迴旋餘地。

既然上下級之間矛盾的產生不可避免，那麼作爲下級，有必要好好研究、學習一下化解矛盾的方法：

・有話照直說

不管上司持什麼態度，都要找一個合適場合，把道理向對方講明，讓他明白你內心眞正的感受。

・以德報怨

能夠對上司以德報怨，才容易把事情辦好。

切記一點，無論自己當時心裡多不好受，都要用寬宏大量的態度將矛盾化解，便於日後與上司繼續良性溝通。

• 無愧於心

如果矛盾的產生完全在於上司，而且對方夠明理，那麼也無須太擔心，等到氣頭過去後，上司多能主動釋出善意。

身爲下屬，必須謹記一件事情：無論如何，都要讓自己保持冷靜，同時做好自己該做的事。認眞負責，就是你與上司之間溝通的最有力憑藉，也是在職場生存最好的護身符。

正確與下級溝通，領導才能成功

作為一名好領導者的前提條件，就是在利用權力的同時還要與員工經常溝通，以化解上下級間的鴻溝。

現在，越來越多的公司主管開始注意到溝通的作用。在長期的領導工作中，他們逐漸認識到一個道理：唯有溝通才能眞正地激勵員工、鼓舞員工，使員工投入到工作當中。

身爲主管者，若想與員工保持良好關係，暢通無礙地溝通，你應審愼把握以下幾項大原則：

• **多為下級著想**

相信絕大多數人都會同意，作爲一個領導者，要想讓員工對你尊敬有加，不是一件容易的事。

常言道：「討好一個人難上難，得罪一個人只一句言。」常常只是一句話，一個微小細節，就會引起他人的誤會，更何況身爲領導者，想不得罪手下衆多員工，豈是一件容易的事？

即便你本來與下屬的關係一直良好，但只要一時稍微不在意，便可能不知不覺間得罪了人，讓下屬心中產生怨言，可身爲當事人的你卻完全不知道。

李經理掌管一個部門已經很多年了，原本一切都相當順利，但由於公司上級要拓展業務，接連不斷地指派新的任務下來，於是他要比過往花更多時間與上層領導者開會，同時還要及時地將一些工作分配給下屬。

被績效壓力壓得喘不過氣來的他，根本顧不上與下屬交流溝通，可是一段時間以後，他發現事情顯得不對勁——員工們看他的眼色變得很難看，工作效率也比以前要低了許多。

幸而李經理及時察覺，也深知假如不予理會，任狀況發展下去，後果將不堪設想。因此，他馬上放下身段與員工進行溝通，終於化解了一場可能的危機，使狀況獲得改善。

事情往往就是這樣的，在工作量加大，工資不漲的情況下，作爲部門領導者，就有責任去爲下屬爭取合理的勞動報酬。

一個能處處爲下屬著想，敢於爲下屬擔責任的領導者，才會受到員工們的擁護和愛戴，燃起即便赴湯蹈火也在所不辭的意識。

●在下級面前有領導的樣子

穩固上下級關係，是企業走向輝煌的重要憑藉，許多成功領導者的事例已經說明了這個道理。

另外，對待自己的下屬，一定要做到大公無私、人人平等，只有這樣才會令下屬信服，在他們心目中留下良好的印象。

出言必行，誠懇守信，是每個領導必須遵守的原則。經常食言絕對是溝通大忌，只會讓下屬不再信任你。

必須要求自己敢擔重責，即當出了問題時，要敢爲你的下屬包攬過失，概括承擔責任，而不是將一切推得一乾二淨。相對的，若工作進展良好，你應將這份功勞歸功於下屬，千萬不可據爲己有。

在下屬面前爲自己樹起良好的權威，不要隨便開一些不符合身分的玩笑，你的命令才會得到下屬的妥善遵守與執行。

身爲領導者，要做到將團隊治理成爲以你爲核心、以每位員工爲半徑的集體，如此一來，整體力量絕對會非常強大，下屬必然對你充滿信心，上司也會對你賞識有加。

作爲一個上司，最忌諱就是有遲到早退、公器私用等不良行爲，任何事情都要確切地以身作則，如此才能讓下屬信服。

•善於化解下屬之間的是非

在辦公室裡，免不了有是非與爭執發生。

身為領導者，面對下級中發生的公私事糾紛，要如何處理？能夠選擇出正確的方式，才能使事情得到圓滿而妥善的解決。反之，將會為以後工作的順利進行設阻。若是等問題鬧大了，才想要解開這個結，狀況將會變得更加棘手。

所以，作為上司，你的最重要任務，是要使工作在任何情況下都能正常進行，團結團隊中的每一位員工，使他們將自身能力與效率發揮到最大。

提高部門的工作效率是你的最終目標，老闆滿意了，員工對你感到尊敬愛戴，你的領導角色才算眞正扮演好。

最難辦的就是人際關係，特別是同事間遇到利益衝突時，很容易釀成大大小小的紛爭，而且難有眞正休止的一天。

面對這種情況，作為上司的你應該做好調解工作，一方面緩解辦公室裡緊張的氣氛，另一方面盡力瞭解下屬之間的矛盾，協助解決。

下屬間出現矛盾糾紛，作爲上司千萬別參與到戰爭中去，正確的做法是要瞭解情況、觀察動態，有效化解矛盾。

例如，當你得知某個下屬受到其他同事圍攻，在同事之中幾乎已無立足之地。遇到這種必須立即處理的情況，身爲領導者的你就該及時了解來龍去脈，爲那位處境難堪的下屬解圍。

同時，還要利用好自己的權力，以嚴肅的態度告訴所有員工，辦公室裡嚴禁有類似的事情發生。

辦公室氣氛的融洽與否、工作效率的高低，與領導者是否會爲人，是否會處理上下級溝通，有著直接的關係。

既做到讓上層領導賞識，又讓下屬尊敬愛戴，這樣的主管，才稱得上是一位好的領導者。作爲一名好領導者的前提條件，就是在利用權力的同時還要與員工經常溝通，化解上下級間的鴻溝，追求達到成功。

誠實信用是成功的好幫手

信用、信義對每個人來説都很重要，在商場上更是如此。以誠相待才能獲得更多信任。

信用是商業社會的通行證，信譽則是商人成功的利器。

在生意場上，經營者時時面臨客戶對於自己的能力和經驗的考驗。久經「沙場」的大企業家、大商人能夠成功的原因，除了他們擁有睿智的頭腦之外，還依賴於他們眞誠的心意。

美國房地產鉅賈霍爾默先生有一次承接一筆房地產買賣，這個項目著實讓他很煩惱。

這塊土地雖然接近火車站，交通便利，但它同時也緊挨著一家木材加工廠，終日充斥著令人難以忍受的噪音。

幾次交易都由於他刻意隱瞞事實而導致洽談失敗。後來，霍爾默先生決定做一次全方位嚴肅、細密的考察。

不久之後，他又找到一位想要購買土地的顧客。這一次他改變洽談方式，開門見山地向顧客說明：「這塊土地交通便利，價格便宜，但它之所以價格較低是因為它緊臨一家木材加工廠，噪音很大。」

霍爾默先生見到顧客一言不發，就繼續說：「如果您能容忍噪音，它將是您最理想的選擇。」

沒過多久，該名顧客在霍爾默帶領下到現場實地考察，結果感到非常滿意。他對霍爾默先生說：「我還以為你特別提到的噪音問題有多嚴重，這種噪音對我來說算不上什麼。我以往住的地方重型卡車整天來來往往，這裡的噪音一天只有幾個小時，總體來說我很滿意。你這個人做生意很實在，不像其他人遇到這種問題往往選擇隱瞞事實，讓我放心許多。」

於是，這項業務便輕鬆成交。霍爾默先生成功的原因在於他沒有隱瞞事實，用誠實的態度贏得了顧客的信賴。

日本企業家小池出身貧寒，二十歲時就在一家機器公司擔任推銷員。

有一段時期，他推銷機器非常順利，不到半個月就與三十三位顧客做成了生意。但是，在偶然的情況下，他發現他們公司販售的機器價格比其他公司同樣性能的機器貴上許多，他想，如果這個消息被客戶知道了，一定會對他的信用產生懷疑。

於是，小池帶著訂貨單和訂金，逐一找到客戶，然後老老實實地向客戶說明，他所賣的機器比別家的貴，請他們放棄向他購買。這種以誠相待的做法，深深地打動了每個訂戶，結果三十三個顧客沒有一個人放棄與小池合作，反而更加深了對他的信任和欽佩。

此後，小池誠實待人的事情在業界廣為流傳，前來向他訂貨的客戶絡繹不絕，沒過多久，小池就成了一名成功的推銷員，並獲得了豐厚的經濟收益。

華盛頓曾說過：「一定要信守諾言，不要去做自己能力不及的事情。」不要爲了譁衆取寵而輕易承諾，要是輕諾寡信，不能如約履行，便很容易失去別人對你的信賴。

信用、信譽對每個人來說都很重要，在商場上更是如此。戰場上拼的是火力，商場上拼的是信譽，除了具備敏銳的洞察力、睿智的頭腦外，關鍵時候還需要一顆眞誠的心。

注意自己的信譽，對客戶以誠相待，才能獲得更多信任，只要搞定了你的客戶，取得成功自然就不是什麼難事了。

想搞定人，先營造對話氣氛

想要讓對方對你暢所欲言，首先要激起對方的情感，讓對方的卸下心理防備，這時候，你就搞定他了！

寒暄是交際中的潤滑劑，它能在陌生人之間架起一條友誼的橋樑。適度的寒暄能產生認同心理，滿足雙方的親和要求。可以說，寒暄是人際交往中一個必要的環節。

初次見面的人，彼此都不太瞭解，往往會出現尷尬的氣氛。這時不妨說一些問候的話語，例如「天氣好像有點冷」或者「最近忙什麼」等等。

雖然這些寒暄的話語並不重要，但是，正是這些話使初次見面者免於尷尬。

二十世紀八〇年代，義大利著名女記者奧琳埃娜・法拉奇計劃到中國對鄧小平進行專訪。

當時中國大陸剛剛改革開放，在此之前，與西方世界有著長達幾十年的冷戰，法拉奇非常擔心至這次專訪無法順利進行。因此，她翻閱了許多有關鄧小平的書籍，讀到一本傳記時，注意到鄧小平的生日是一九〇四年八月二十二日，於是，她腦海中有了一些想法。

一九八〇年的八月二十二日，鄧小平接受法拉奇的專訪。

「鄧小平先生，首先我謹代表我們義大利人民祝福您生日快樂！」法拉奇十分謙遜有禮地說道。

「生日快樂？我的生日到了嗎？」或許是由於工作太繁忙，鄧小平連自己的生日都沒有注意。

「是的，鄧小平先生，今天確實是您的生日，我是從您的傳記當中得知的。」法拉奇信心十足地說。

「喔！我總是不記得我的生日。而且我已經七十六歲了，早就是衰退的年齡了！

這也值得祝賀？」

顯然地，法拉奇的問候已經讓鄧小平對她有了好感，所以鄧小平不禁和她開了個小小的玩笑。

「鄧小平先生，我的父親也是七十六歲，如果我對他說那是一個衰退的年齡，我想他也許會給我一巴掌！」

法拉奇也和鄧小平開起玩笑。

鄧小平聽了她的回答，開懷大笑了起來。

接下來便是法拉奇此行的真正目的，她將談話引入正題，「鄧小平先生，我想請教您幾個大家都十分關心的問題，不知您能否給我一個圓滿的解答？」

「我盡力吧，儘量不讓妳感到失望。我總不能讓遠道而來的客人空手而回吧！中國可是個禮義之邦。」

採訪就在十分融洽輕鬆的氣氛中順利完成。

正是由於法拉奇在採訪開始前營造了一個良好的對話氣氛，所以她接下來提出的問題都得到了令人滿意的答覆。

想要讓對方對你暢所欲言，首先要激起對方的情感，讓對方的卸下心理防備，這時，人的心理才具有容納性，才容易接受你的觀點和勸導。

寒暄成功的前提是，對對方有一定的瞭解，這樣才能佔據主動地位。同時，談話時語氣要輕鬆柔和，就像茶餘飯後的閒談，語氣緩和，充滿感情，讓對方徹底放鬆，進而打開心房，這時候，你就搞定他了！

PART

7

相互尊重，有利於溝通

人與人之間的溝通交流都是相互的，投之以桃，才能報之以李。要想贏得真正的友誼，首先要懂得寬以待人的道理。

人際間的爭執，處理要明智

無論狀況多麼嚴重，都會有解決的方法，因此不該逃避問題，要以積極態度展開溝通，以求消除分歧，達成共識。

朋友相處，難免會碰上一些「麻煩」，如爭吵、彆扭、意見不合、經濟糾紛等等。如處理不好，就會造成友情破裂，甚至反目相向；處理得及時妥善，則多半可盡釋前嫌，和好如初。

糾紛的產生是正常的，能否及時妥善處理最爲重要。

與朋友發生爭論時，正確溝通態度應該是「求同存異」。「求同」，以在爭論中提高自己的論點可信度；「存異」，以客觀容許多種不同的看法存在。

無論如何，切記不要正面衝突，並應致力於緩和氣氛。畢竟正面衝突多半無益於溝通，徒然使雙方都感到難堪，下不了台。

如果不幸和朋友間出現爭論，必須秉持這樣的態度：針對重要原則問題，可以心平氣和並開誠佈公地討論，若只是細枝末節的東西，大可不必浪費力氣，非要爭個你死我活，分出勝負不可，因爲這麼做沒有意義。

即便是親密的朋友，因見解殊離產生對立也是正常不過的事情。分歧產生難免導致某種程度上的疏離，這時候，若想繼續維持彼此的情誼，就該遵循以下原則，主動和朋友溝通。

• 繼續保持忠誠和信任

不要因爲觀點存在分歧而詆毀對方，這是沒有氣度的行爲。基於道義，你還是應儘量維護朋友的威信、觀點，幫他說話。

• 暫時拉開距離

儘量使雙方的分歧維持在「冷凍」狀態，讓時間和事實來證明究竟誰是正確的，誰是錯誤的，避免讓糾紛繼續擴大。

• 保持平等和尊重

不要固執地認爲自己的想法一定是對的，別人一定是錯的，更要記住一點：朋友之間沒有高低之分。就算自己眞的是對的，也要給對方應有的尊重，千萬不可表現出得理不饒人的尖銳態度。

• 積極尋求解決之道

時間愈久，分歧可能導致的副作用就越大。

無論狀況多麼嚴重，都會有解決的方法，因此不該逃避問題，要以積極態度展開溝通，以求消除分歧，達成共識。

沒有化解不了的僵局

在與朋友相處過程中採取主動，不但不會損及面子，反而更能顯現出自己的大度和寬容。

爭執是友誼的一大殺手，因此在平日就該要求自己保有冷靜態度，並提高修養。而在糾紛發生後，則該以寬容、積極的態度釋出善意，透過成功的溝通修復彼此的感情裂痕。

與朋友建立關係不是容易的事情，卻往往因爲一點點小彆扭就完全毀掉，實在非常可惜。

若是與朋友發生糾紛，已經不是三言兩語能夠化解，且陷入進退兩難的嚴重僵局，可採取以下溝通對策：

•保持冷靜

第一要務是得讓自己激動的情緒穩定下來，因為只有冷靜才可能保持理智，客觀地、實際地與對方修好。

若在氣頭上，絕對記得不要貿然行事，以免後悔。

•自我反省

實事求是地反省，分析自己的責任，不推諉，不放大，有一是一，有二是二，對的堅持，錯的改正。

特別注意，看待自己的缺點、錯誤和失誤，不要抱著得過且過，過度寬容放縱的輕率態度。

•不翻舊帳

能做到不翻舊帳，才眞正具有度量。

不論雙方鬧僵的原因是什麼，都應予以諒解，萬不可在這些細節小事上爭個半天，互揭瘡疤，最後惱羞成怒。

要有不翻舊帳、不揭人短，「過去就過去吧」的氣概。

• 積極修好

一般說來，原本關係密切良好的一對朋友會鬧僵，絕對是雙方都有責任，只在程度大小與情節輕重的差別而已。

因此，無論如何都應當主動承認錯誤，去和對方溝通，設法和好。

在與朋友相處過程中採取主動，不但不會損及面子，反而更能顯現出自己的大度和寬容。換個角度來看，採取主動較容易使人感動，更有利於成見的消除，使重修舊好獲得成效。

審慎應對棘手的財務糾紛

雙方坦誠相待，拿出誠意和善意，還是能夠達成一致的解決共識。抱持光明磊落態度，相信沒有解決不了的問題。

談錢容易傷感情，這似乎已經成了不變的「定理」。

與朋友、特別是要好的朋友間，最好儘量減少經濟上的往來。千萬別以爲借點小錢沒關係，試想，若你向朋友借錢，但最後還不了或沒按約定時間與數額歸還，可能導致什麼樣的結果？

毫無疑問，絕對會影響今後的長期交往。

隨著社會變遷，人際關係越來越複雜，近年來，朋友之間出現財務糾紛的例子屢見不鮮，一定要審慎應對。

若與朋友產生金錢上的糾紛，應把握以下原則：

• 對症下藥

糾紛發生之後，一定要確實把原因弄清楚，看看是不是有什麼誤會存在於彼此之間，導致溝通不良。

另外要記得「親兄弟，明算帳」，大可把往來的帳目全部向朋友交代清楚，讓他相信你沒有不可告人的隱情。

• 堅決按約定或契約辦事

若事先已有口頭約定或是白紙黑字的契約，就該遵照以解決糾紛，因爲這是最好的憑據。

不要讓私情主導一切，否則極有可能導致之後更大的困擾。

• 共商解決辦法

當財務糾紛發生，固然不可輕率面對，不當一回事，但也無須抱持太過悲觀消極的態度。

只要雙方坦誠相待，拿出誠意和善意，還是能夠達成一致的解決共識。抱持光明磊落態度，不企圖欺詐、惡意使壞，相信沒有解決不了的問題。

• 請求仲裁

若嘗試過各種方法後，雙方仍無法達成共識，找不出合宜的解決途徑，就只能訴諸仲裁機構或法院，按照有關法律或規範解決。但除非別無選擇，建議不要輕易採用這種辦法。

「渡盡劫波兄弟在，相逢一笑泯恩仇」，透過這句話彰顯出的氣度，相當值得我們學習。當站得更高，看得更遠，你就會發現朋友之間種種不快和誤解都是微不足道的小事情，實在不必要耿耿於懷或者斤斤計較。

相互尊重，有利於溝通

人與人之間的溝通交流都是相互的，投之以桃，才能報之以李。要想贏得真正的友誼，首先要懂得寬以待人的道理。

很多人與他人交往時，常常產生一種錯誤的想法，認爲好朋友之間無須注重繁文縟節，越簡單越好，因爲彼此已經相當熟悉，親密無間，還講究太多就顯得過於見外了。

其實，這種想法是不對的，友誼的存續應該以相互尊重爲前提，不能有半點強求、干涉和控制。以下，是與朋友相處、溝通時的幾項禁忌：

•對朋友不要過於隨便

再親密的朋友，也不能隨便過頭，否則維持友誼的默契和平衡將被打破。與好朋友相處仍要保持客氣有禮，才不至於傷了彼此的面子與和氣。

應對客氣些，就不會輕易踩到對方的禁區。若是過於隨便，自然容易引起隔閡、衝突。如果事出偶然，還好解決，一旦形成慣性，雙方必定會一而再再而三地發生不愉快，導致關係疏遠，友誼淡化甚至惡化。

無論是多好的朋友，仍要保持應有的尊重，講究必要的禮節，才是正確的溝通交流之道。

・不可過度苛求

現實生活中，任何一個人都免不了有缺點，因此更不該對他人苛求，強硬地要求別人按照自己的想法做出改變。一味堅持己見不僅不能達到願望，還會導致雙方關係緊張。

林肯年輕的時候，待人處世不夠謹慎，甚至有些任性。他不但常常寫信指責別人，有時還故意將信扔在鄉間的道路上，讓路人拾起、散佈。

後來有一次，他在《斯普林日報》上發表了一封匿名信，嘲諷一位政客，沒想到對方不是好惹的，看到這封信後火冒三丈、怒不可遏，馬上騎著馬找上門，揚言要與林肯決鬥，拚個你死我活。

林肯透過這件事情吸取了寶貴的教訓，從此，他非但再也不寫挖苦別人、傷害別人的信，也不再嘲笑或指責旁人了。不僅如此，還經常告誡身邊的朋友：「不輕易指責別人，自己也就不會受人譴責。」

「不輕易指責別人」成爲林肯最偉大的優點之一，值得每一位現代人借鑑。將「不輕易指責別人」的觀念套用在現代社會，也可以理解爲「不苛求別人」。畢竟我們每一個人都存在著一定的不足，不能做到某些事、達到某些目標，又怎麼能苛求他人呢？

人與人之間的溝通交流都是相互的，投之以桃，才能報之以李。要想贏得眞正的友誼，首先要懂得寬以待人的道理。

別因觸犯禁忌傷害了珍貴友誼

想與朋友保持牢固的友誼，就該時時提醒自己，避免踏入溝通的禁區，觸犯交際的大禁忌。

要想與自己看重的朋友保持長久的友誼，就要儘量減少犯錯或觸碰禁忌的機會。避免讓朋友感到被冒犯，可說是維持友誼、暢通溝通的基本。

若感到與朋友的交往出了問題，請先靜下心來檢討自己，是否犯了以下幾項容易導致溝通障礙的毛病？

- **不顧隱私**

無論你與某位朋友之間的關係再好，也不能亂動對方的東西，刺探對方的隱私。

朋友之間也分彼此，必須保持應有的尊重。

朋友之物，不經許可絕不可擅用，否則朋友就算礙於情面不當面說破，內心也會產生厭惡、防範心理，自然而然破壞了雙方的友誼。

•不拘小節

與朋友相處，應力求談吐大方，不矯揉造作或輕慢無理。

如果在朋友面前表現得過度不拘小節、不懂自制，將會使對方感到你粗俗可厭，從而產生輕蔑、反感等負面情緒。

有些人和朋友相聚時，容易信口雌黃，在朋友說話時肆意打斷，譏諷嘲弄，或顧盼東西，一旦出現這種情況，再親密的朋友也會覺得你缺少風度和修養，難免感到輕蔑。

所以，在朋友面前應要求自己表現得自然而不失自重。

•沒有信用

一個沒有信用的人，會使人感到不可信賴，甚至因此失去友情。若是連小小的承諾都無法履行，又怎麼能讓人相信呢？

有時候，對於朋友提出的要求，你可能習慣性地想也不想就爽快應承，事後才發現無法完成，只好失信於人。

你可能根本不把這樣的「失信」當作一回事，認爲朋友必定能夠理解，但事實上並不盡然如此。

你若經常讓朋友掃興、失望，即使他們不當面指責，也會在心裡責怪，認爲你是個不守信用的人，並逐漸疏遠。與朋友交往，一定要重信守諾。

●不識時務

去朋友家拜訪，若遇上朋友正忙於其他要事，或正接待重要客人，千萬不要自恃熟稔，就不分時間場合誇誇其談、喧賓奪主。一旦做出這樣的事情，必然會使對方的印象大打折扣。

行事、言談一定要顧及場合，根據情況做出最合適的選擇，千萬不要讓對方對自己產生反感。

•言語刻薄

有些人喜歡在大庭廣衆之下炫耀自己，不惜將朋友的短處或痛處抖出，亂用尖刻詞語，盡挖苦、嘲笑、諷刺對方之能事，以博取衆人的注意。

可想而知，這種行爲會導致什麼樣的後果。

若僅爲了一時的歡樂，落得得罪朋友、失去友誼的下場，實在太得不償失。必須切記，無論在任何場合、爲了任何目的，都千萬不可隨意譏笑朋友。

•固執己見

朋友相處，要懂得互相取長補短，向對方的優點學習，將所有的好意見充分採納。如果抱著驕傲態度，認爲自己無所不能、無所不知，輕視朋友的提議，必然會傷到朋友對你的感情。

不論中聽與否，朋友的提議都是本著好意爲出發點，你若冷淡不領情，會讓對方認爲自己不被放在眼裡，感情便會漸漸疏遠。

換個角度來想，多聽朋友的勸沒有壞處，畢竟再聰明的人也有疏忽的時候，多一個人幫助，看事情往往能更透徹，訂出的策略也會更高明。

正確地與朋友溝通，是加深友誼的根源。友誼可以很牢固，也可以很脆弱的，端看自己經營的態度是否仔細。想與朋友保持牢固的友誼，就該時時提醒自己，避免踏入溝通的禁區，觸犯交際的大禁忌。

感情，需要正確的修補與維護

沒有人不希望自己與他人的友誼能夠長久，懂得一些保持友情、暢通溝通的竅門，就可使生活少些悔恨。

相信大家都有過同樣的經驗，無論交情多老、感情多好，朋友間的相處，總免不了會出現一些小裂痕。這種時候，如果及時修補，就能防微杜漸。相反的，如果放任自流，小裂痕必定會變成大鴻溝，終至友情破裂。

當友情產生裂痕，無論自身立場是對或錯，你都該積極主動些，透過正確的溝通方式進行補救。

• 主動真誠

不管是什麼原因，不管是誰的責任，既然友誼出現了裂痕，就要及時彌補。只消極被動地等待對方來找自己，賠禮道歉，不主動表示善意，不拿出修好的誠意，必定會使人失望。

此外，若光有表面的主動，缺少實際行動，勉強應付，或是只想藉虛情假意的言行暫時討好，則非但不能奏效，更會進一步傷及友誼。

切記，主動和好不等於軟弱，而是對友誼的眞誠和珍重。

● 及時妥當處理

摩擦產生並導致裂痕後，彼此往往都需要冷靜思考、沉澱思緒的時間和空間。這種情況下，你可以請另一位好友做一些居中協調的工作，但不能逃避現實、一拖再拖，不去應對，以免因爲間隔太久導致裂痕過深，無法修復。

● 耐心細緻

不能在做過一兩次主動修好的工作之後，就認爲自己已經仁至義盡，甚至因爲效果不理想感到自尊心受傷，惱羞成怒，再次發起火來。

缺乏耐心，不可能將已經造成的傷害撫平。

•真正拿出誠意

若是做錯事，一定要主動向朋友表示歉意。一句眞心誠意的道歉可以使緊張的氣氛迅速降溫，理所當然，你們的友誼也能走過危機，繼續維持下去。

•及時改正

道歉能幫助你贏得朋友的諒解，但被諒解後如不思改正，還是會再次失去友誼。只有及時、眞正的改正錯誤，才能讓道歉產生應有的效果。

不乏類似的例子：很多人由於不擅處理與朋友之間的關係，致使友情夭折，甚至幾十年的老交情也毀於一旦，數十年的心血付之東流。沒有人不希望自己與他人的友誼能夠長久，但眞正要達到目標卻不是那麼容易。

懂得一些保持友情、暢通溝通的竅門，就可使生活少些悔恨。

不怕沒機會，只怕沒本事

希望找到「對的人」，總是需要一點時間等待，挑選時別忘了多點誠意與氣度，好魚兒自然會蜂擁而來，全數上鉤。

每個人一生當中，都有非常多的機會，然而我們可以把握多少？自己又有多少本事？其實，機會從來不怕你來搶奪，只怕你將大好機會搶到手之後，卻沒有本事好好把握它。

當年，姜太公會來到渭水岸邊隱居，不只是因為受不了紂王的殘暴，還希望能尋找明君來拯救世人。居住在渭水一帶的西伯姬昌，正是他心目中的第一人選。

當時，姜太公為了吸引姬昌的注意，故意垂著直立的魚鉤，且魚鉤離水三寸之遠，每天靜靜地坐在河邊垂釣。

這樣奇怪的釣魚方法當然引起人們的注意與議論，不久，如此奇人奇事便傳進了姬昌的耳裡。他心想：「此人必定是個奇人！」

於是，他立即命兒子姬發至河邊，邀姜太公入宮一聚。

不料，當姬發出現在河邊時，姜子牙卻是滿臉不屑的神情，嘴裡還喃喃地說著：「唉，怎麼魚兒不上鉤，卻來了蝦蟹瞎胡鬧！」

姬發拜託了許久，卻怎麼也請不動姜太公，最後只得空著手向姬昌回報。

姬昌聽完解釋之後，反而更加確定了此奇人的獨特。

翌日，姬昌親自來到岸邊討教，遠遠地便聽見了姜太公的叫喊聲：「不想活的魚兒，請上鉤吧！」

姬昌一聽，立即謙恭地上前詢問：「魚鉤離水三寸，如何釣得到魚呢？」

「願者上鉤！」姜太公答道。

姬昌發現他見識非凡，於是轉而和他議論時政，從中他們慢慢地建立起相互的信任。最後，姬昌表示自己平定天下的宏願，姜太公也清楚表明願意全力輔佐的心跡。就這樣，姬昌拜姜太公為國師，日後姬昌平定犬戎，追謚為文王，是中國古代著名的賢君。姜太公則是文王及其子周武王二代的輔國重臣，明君能臣功蹟卓著。

「賢才不易尋，知音更是難覓」，無論姜太公還是周文王，爲了找到眞正的知音，在拿捏「先退後進」或「先進後退」的應對之道時，每每沈吟考慮再三，等了又等。畢竟，沒有經過考驗，雙方都很難知道彼此的誠意與本事，雖然有考驗，但是正如姜太公所表現的，只要有悟性，只要緣份夠，魚兒必定願意上鉤的。

回到現實生活中，我們是否應該問一問自己有多少本事能夠讓人積極爭取，成爲爲團體效力的一份子呢？

有實力的人不怕寂寞，因爲一定會有慧眼獨具的人，能看見你的才能與天份。至於正積極尋求突破的經營者，也別擔心缺乏好的人才參與協助事業。希望找到「對的人」，總是需要一點時間等待，挑選時別忘了多點誠意與氣度，好魚兒自然會蜂擁而來，全數上鉤。

做一個讓人猜不透的高手

表面看起來若無其事，實際上早已經預測到情勢發展方向，這樣的人，正是能得便宜又賣乖的最後勝利者。

自古以來，能夠圓融處世的聰明人，無不善於韜光養晦之術，這是保身求發展的大智慧。

身處競激烈的社會，你的所做所爲必定爲很多人注意，爲了轉移別人的目光焦點，應學著適度地隱藏能力，當一個讓人看不破、猜不透的人。

《韓非子．二柄》中說：如果君主將自己的真實性情、所好所惡，肆無忌憚地表現在他人面前，臣子們就會想盡辦法迎合拍馬，尋找投機的機會。相反的，如果君主不將喜怒溢於言表，臣子們就會逐漸地顯出本色。這樣一來，君主才不會受到欺騙。

春秋時期，鄭莊公粉碎弟弟共叔段的密謀造反計劃，所使用的就是「隱藏」的策略。

鄭武公決定將王位傳給兒子莊公，莊公之母對武公的這一決定表示反對，因為莊公出生時難產，母親武姜為此受到不小的驚嚇，從此就討厭這個兒子，認定他是不祥之人。

莊公繼位以後，武姜不僅屢次詆毀莊公，更為小兒子共叔段要了很多封地，緊接著，又逼迫莊公把京邑劃分給共叔段。

共叔段得到京邑後，不斷地擴張自己的勢力，在母親的幫助下，準備裡應外合，謀權篡位。

莊公明知母親不喜歡自己，也知道共叔段密謀造反之事，卻沒有採取任何行動。他心裡明白，想要破除弟弟的陰謀，唯有採用「欲擒故縱」才能奏效。將欲廢之，必先舉之；將欲奪之，必先與之，先降低敵方戒心，才能抓準良機，一舉殲滅。

隨著共叔段勢力不斷擴大，鄭國大夫祭仲向莊公進諫，說共叔段暗地裡招兵買馬、擴大勢力，遲早要為鄭國帶來災難，莊公聽了卻不慌不忙地回答：「這是國母的意思。」

祭仲心急如焚，建議莊公立刻剷除共叔段防患於未然，可他毫不著急，只說：「你就等著看吧！」

在莊公縱容下，共叔段更加大膽，又佔領了京邑附近的兩座小城。

鄭大夫公子呂勸莊公說：「一山難容二虎，一個國家無論如何不可能有兩位國君。假如您要把位子拱手相讓於共叔段，作為臣子的我們就去為他當大臣；如果不想交權予他，就必須趕快剷除，以免老百姓有二心。」

莊公表面上假裝很生氣，實際上卻將公子呂的勸告完全記在了心裡，對他說：「這事你不要管。」

鄭莊公對當時的局勢很清楚，知道過早動手，肯定會遭到別人議論，落得不仁不義的惡名，更何況母親也站在共叔段那邊，若是有所牽連，更會讓自己被扣上不孝的帽子。為此，他故意放縱共叔段，讓天下人都知道對方有篡位的陰謀，直到共叔段和姜氏密謀裡應外合時，才下令討伐。

果不其然，人心都向著莊公，共叔段被迫逃亡。

其實，莊公對於共叔段招兵買馬、擴大城池的行爲，並非視而不見，而是故意姑息，讓自己置身於複雜時局之外，靜觀共叔段的一切舉動，等待時機成熟才舉兵，一舉殲滅。

複雜社會中存在著許多假象，人心也同樣如此。遇到某些問題，有些人表面看起來若無其事，實際上心中早已經預測到未來的情勢發展方向，這樣的人，才會是最後勝利者。

PART

8

笑臉迎人，勝算更多好幾分

溝通中如果少了微笑，言語將顯得黯然無味，倘若少了和氣，交流也無法進行下去。

氣氛越輕鬆，就越容易成功

與人溝通的一大竅門，就在於找出彼此都感興趣的話題，將距離拉近，如此將有效消除雙方的陌生感，活絡談話氣氛。

要靠做生意賺錢，就免不了得與客戶打交道、進行交流，否則無從獲利。既然彼此間有利益關係存在，更需要注意交流的方式。

初次見面，應給對方留下一個良好的印象。自我介紹時的言語尤其需要注意，必須審慎斟酌，力求做到適合本人的身份，不過度自我炫耀，也不自我貶低。與客戶溝通，應注意以下事項：

- 表達力求簡明扼要

與客戶交流時，應力求語言簡明扼要，能準確抓住重點，使對方有興趣和耐心繼續聆聽。除了語言簡明，說話得體也很重要，因爲不得體的語言容易造成尷尬的局面，甚至傷人自尊。

爲了與客戶順利進行交流，一定要注意自己的語言表達方式。

•製造輕鬆和諧的談話氛圍

與客戶交流時，由於雙方關係可能存在對立或不夠熟悉，容易使談話陷入僵局。爲了有效避免這種狀況出現，應當儘量製造輕鬆、和諧的談話氛圍。

事實上，雙方必定都希望能在輕鬆自如的氛圍下進行交流，可是，很多時候卻由於找不到共同的話題，無法打破僵局。

這時候，大可以拋開主題，另尋一些有趣的話題，如此既活躍了談話氣氛，又淡化了彼此的陌生感。發生在自己身邊的一些小事物就是非常好的討論話題，越是與日常生活相關，越能引起共鳴，進而達到心靈上的溝通。

第一次世界大戰時，美國女權主義者南茜拜訪了英國首相邱吉爾。邱吉爾熱情地接待了她，但由於彼此相當陌生，一開始不知說些什麼好，氣氛自然顯得有些沉悶、尷尬。

邱吉爾畢竟是老到的政治家，為了打破僵局，於是開始說起一些家常趣事。他說：「一次，我和妻子吵架，她兩天不與我說話，後來我實在憋不住了，就對她說：『你這樣對我，不如乾脆點，直接往我的咖啡裡放點毒藥！』」

南茜出神地聽著，被邱吉爾的描述吸引了注意力。

邱吉爾接著又說：「她聽我這麼說，頓時覺得自己的做法有點過分，因為我的過錯畢竟沒那麼嚴重，不至於到要喝下有毒咖啡的地步哪！」

說完，兩人都笑了，氣氛得到明顯的和緩。

與人溝通的一大竅門，就在於找出彼此都感興趣的話題，將距離拉近，如此將有效消除雙方的陌生感，活絡談話氣氛，提高溝通成功的可能性。

利益來自與客戶的良好關係

商場上的客戶是很特殊的交往對象，不同於朋友、同事，因此在溝通時，必須時刻注意自己的身份，說話、做事掌握好尺度。

與客戶交流時，雖然要把握一定的原則，但也不必一副凡事公事公辦、說一不二的樣子，否則必定不利於雙方溝通。

商場局勢變化難測，因此聰明的生意人會更注重確保自己與客戶間的順暢溝通，畢竟能讓彼此的關係穩定發展，對生意經營本身有益無害。

與客戶互動過程中，以下幾點必須注意：

・不要過分恭維

缺乏誠心、千篇一律的客氣話，必定會招致反感。

不愛聽恭維話的人自然不買帳，至於聽慣了的人，同樣不當作一回事，因為他們早已聽膩了那些不夠誠懇的奉承，根本不會因此增加對說話者的好感。

●巧用幽默破解僵局

與客戶交流時，難免意見不合，發生分歧，如果雙方都堅持自己的原則，很容易導致僵局出現。

碰上這種情況，不妨暫時轉移焦點，說個笑話，或者來段幽默故事，緩和一下緊張的氣氛。

事實上，就客戶自身而言，也不願意見到僵局發生，因此絕大多數也願意見好就收，不會無理取鬧、窮追猛打。所以，不妨用幽默當潤滑劑，然後再進行之後的溝通。

●保持風度與穩重態度

交往過程中，你的言談舉止能透露出自身的涵養與素質、知識程度以及品格情操。所以，與客戶溝通時，要特別注意塑造形象，儘量表現得有風度且穩重，以增加客戶對你的好感。

•不忘自己的身份

商場上的客戶是很特殊的交往對象，不同於朋友、同事，因此在溝通時必須時刻注意自己的身份，說話、做事掌握好尺度，絕對不可任意妄爲。

身在商場，與客戶溝通成功與否，將直接影響到自己的事業發展。

掌握說話辦事訣竅的人，通常比較成功。聰明且有至於發展的生意人，有必要多動腦筋，透過與客戶建立良好關係，掌握與客戶溝通的最佳方式與原則，進而更好地達到溝通目的，獲致成功。

如何才能使對方改變強硬的主張？

當對方提出強硬主張時，不必立即表示拒絕或苟同，要將目光放在對方立場背後的利益上，找出原則依據，然後考慮如何使對方自行改變策略。

說話辦事一定要講究策略，才能提昇自己的競爭力。想在人性戰場上勝出，想要左右別人的決定，「攻心」絕對是必須具備的智慧，如果你不懂得使些心術，不懂得玩些心機，那麼永遠都只是現實社會中的輸家。

一九七〇年，一位美國律師，獲准與埃及總統納賽爾研討有關阿拉伯國家與以色列的衝突問題。

律師問：「總統先生希望梅爾夫人採取什麼樣的行動呢？」

「撤退！」納賽爾總統答得斬釘截鐵，沒有迴旋餘地。

律師又問：「要她撤退？」

「是的，從阿拉伯領土上完全退出。」納賽爾總統的立場仍然如鋼鐵般堅定，絲毫不見鬆動。

律師進一步問道：「可是，你並沒有給對方什麼代價，卻要她完全退出，這樣的要求行得通嗎？」

納賽爾總統搬出強硬的理由：「當然，因為那是我們的領土，以色列原本就應該無條件歸還。」

「如果明天梅爾夫人在以色列媒體面前宣佈：『我代表所有以色列人宣佈，我國將從一九六七年以來所佔領的土地，包括西奈半島、迦薩走廊和戈蘭高地全部撤退，儘管我們沒有得到阿拉伯國家的任何讓步』，那麼，情況會變成怎樣？」

律師針對納賽爾的固執，搬出超乎現實的假設，尋求他的看法。

納賽爾不禁大笑起來，說：「如果她真這樣說，第二天就得下台！」

納賽爾總統透過與這位美國律師的談論，隨即意識到自己堅持的立場不夠實際而必須加以調整，終於為日後促成埃及接受中東停戰協定的簽訂，預鋪了道路。

這位美國律師之所以能讓以強悍聞名的納賽爾總統接受自己的觀點，是他巧妙的運用了柔性應付手法，避免與對方直接衝突。

當對方提出自己的強硬主張時，不必立即表示拒絕或苟同，只把它做爲一種條件，要將目光放在對方立場背後的利益上，找出其原則依據，然後考慮如何使對方自行改變策略。

這個策略讓納賽爾總統設想梅爾夫人的處境，促使他瞭解對方的心態。

說服的方法很多，不可拘泥於形式，必須根據特定事態、特定環境、特定人物，選擇特定的說服方式。

笑臉迎人，勝算更多好幾分

溝通之時如果少了微笑，言語將顯得黯然無味，倘若少了和氣，交流也無法進行下去。

在商場上，和氣方能生財。

想要健全溝通，首先應試著用笑臉去面對合作夥伴、對手，如此一來，即便處於不利地位，也能夠扭轉乾坤。

有人天生脾氣好，走到哪裡都能笑臉迎人，與人溝通、交往的過程中，多半能佔便宜。由此可以知道，學會笑臉迎人，是一種難得且富智慧的謀略。

漢初劉邦去世後，匈奴單于趁機欲侵吞漢朝疆土，還寫了一封十分欺侮人的信給呂后，信上說：「妳最近死了老公，我也正好死了老婆，不如妳就帶著江山來跟我過吧！」

可想而知，呂后看了這封極盡侮辱能事的信，恨不得宰了匈奴單于。但她到底是一個厲害的角色，冷靜衡量了利害關係後，採取了微笑外交，順水推舟地回信說：「我老了，只怕不能侍候大可汗。不過，我們宮中年輕貌美的人倒有。」並送了一名宮女和番，輕描淡寫地避過一場毀滅性災難。

當時，呂后要是負氣動武，結果可想而知。事實上，早在八年前，劉邦便曾親率大軍征討匈奴，但一戰即敗，被困在山西定襄，差一點遭到活捉。劉邦尚且如此，更遑論呂后。

但硬的不行，軟的卻達到了目的。劉邦的戰爭策略失敗，呂后的微笑外交則確保了國家的平安。

以上例子說明，微笑外交是處於不利地位的弱者應採取的交際謀略，使人們得到喘息空間，能於隱忍中求發展。

至於在一般情形下，微笑外交的主要作用，則在於製造良好的生存發展環境與氣氛。用微笑去對待每一個人，你將發現溝通變得比想像更容易。

富蘭克林．貝特格是全美最知名的保險推銷員之一，他說自己在許多年前就發現了一個道理：面帶微笑的人永遠受歡迎。所以，在進入別人的屋子之前，他總會停留片刻，想想高興的事情，讓臉上自然而然展現出開朗、由衷而熱情的微笑，然後才推門進去。

千萬不要小看了微笑在溝通過程中可能產生的效用。用輕鬆愉悅的心情與滿腹牢騷的人交談，一面微笑、一面恭聽，你會發現過去感到討厭的傢伙，全變成了和善的人，曾經相當棘手的問題，現在全變得容易解決了。

毫無疑問，微笑帶來了更大的方便、更多的收入。你會發現，以前的自己很難與別人相處，可現在完全相反，因爲你學會了讚美、賞識他人，從別人的觀點看事物。

一個不擅長微笑的人，在生活中將處處感到艱難。即便臉上生來沒有微笑，也要練習在聲音或表情中加進微笑。

想要讓自己更受歡迎，你得做到下面這幾點：

- 不想笑的時候也要笑

或許，你認爲太難了，明明不高興，爲什麼還要微笑？但事實上，這就是最好的溝通方法。

無論心事多麼沉重、多麼哀傷憂鬱，與外界溝通時，還是應該將負面情緒收起，不要因爲自己的憂鬱影響他人。

把煩惱留給自己，讓別人相信你現在非常愉快，在溝通中，即使你不想笑，仍要儘量保持微笑。

主動表露出高興情緒，人們也會跟著你笑。與別人分享自己的快樂，將能使大家臉上都帶著微笑。

- 用你的整個臉去微笑

必須明白，一個美麗的微笑並不單屬於嘴唇而已，同時需要眼睛的閃爍、鼻子的皺紋和面頰的收縮構成。

一個成功的微笑，範圍包括了整張臉。

・運用你的幽默感

任何人都有幽默感，認爲自己不懂幽默的人，不過是把它深藏在無人知道的角落裡。跟別人在一起時，可以說說笑話，那樣有助於提升幽默感。但是，說的笑話必須愼選，萬萬不可是低級的笑話，或是尋別人開心的惡作劇，否則很有可能達到反效果。

・大聲地笑出來

微笑具有魅力，發自肺腑的大笑同樣能使人深受吸引。

或許你也有過同樣的經驗，在電影院看電影時，會因爲聽見某位觀衆哈哈大笑，便跟著笑起來。這就是「笑」的魅力的最好證明。

上面所說的種種，都是練習微笑的好方法。

如果你是一個害羞的人，在別人面前無法自由自在地發笑，那麼，再告訴你一個小秘訣——對著鏡子，練習對自己微笑，等到臉上能泛起了眞正的笑容，不感到彆扭後，再於人們面前呈現。

溝通之時如果少了微笑，言語將顯得黯然無味，倘若少了和氣，交流也無法進行下去。將微笑與和氣融於溝通當中，就等於爲說話辦事添加籌碼，爲獲利種下希望的種子，產生極大幫助。

掌握對手情況是取勝妙方

想要在談判中取得勝利，必須做好的兩項工作，就是過程中的溝通，以及事先的材料蒐集。

兵家有云：「知己知彼，方能百戰不殆。」

在當今這個商場如戰場的時代，在溝通中掌握對方的確切情況，再加上運用說話辦事技巧，何愁不能藉言談取勝？

接下來，讓我們來認識一下如何「談判」。

各行各業都有一定的規範準則，談判中的溝通當然也不例外。做好事先準備後，便該遵守以下幾項重要原則：

・語言得體

得體的語言能使談判順利進行，同時也體現出談判者的風度、涵養，以及所代表公司的完美形象，在對方心中留下良好印象。

・真誠守信

眞誠守信是商務談判中的一大準則，即便在語言激烈交鋒時，仍要謹記以事實爲基礎，以信譽爲準繩，據「理」力爭。

・平等互利

雖然談判參與雙方所處的位置爲對立的，也有可能在某些方面上有明顯的強弱差異，但在談判桌上，仍應擁有平等、相當的權益，並得到尊重。

優越的一方沒有必要在言語上打壓弱勢的一方，否則必將阻礙溝通，影響談判的進度和效果。

以上三點是溝通中的重要原則，而在透徹掌握之後，還要做好事前的準備工作，因為它將決定談判的成敗。

能不能在溝通中掌握充足的資料，取得主導權，要看說話的方式、方法，這不僅關係到己方所做決策的正確性，還關係到在談判桌上能否佔一定優勢，不被對手壓制。

想要在談判中取得勝利，必須做好的兩項工作，就是過程中的溝通，以及事先的材料蒐集。

商場交鋒展開之前，率先瞭解對手情況，做到知己知彼，從而掌握市場走向，取得溝通優勢，就能在談判過程中佔較大贏面，獲取巨大效益。

溝通，在人際交往中扮演著「潤滑劑」的角色。

試想，假若人際交往過程中，少了「潤滑劑」，將會發生什麼樣的狀況呢？毫無疑問，行事將會碰到重重阻隔。給彼此留點空間，讓言語充分發揮溝通的效力，摩擦、阻隔才會相對減少。

加點「潤滑劑」，交往更容易

多給溝通留點空間、多學習溝通技巧是必要的。應儘可能地讓它充分發揮「潤滑」作用，為獲得雙贏種下希望之果。

人際交往過程中，常有很多自作聰明的人，只想騎在別人的頭上，一副「唯我獨尊」的架勢，卻不知道這其實是最笨的做法，因爲免不了傷害別人的自尊心，結果當然也就不言而喻了。

在商場談判中，總會出現一些僵持場面，究其原因，往往由於雙方不能達成共識，但是又都不肯退讓一步，以至於完全沒有了溝通餘地。

這實在非常可惜，倘若彼此都能讓一下，坐下來，心平氣和地以溝通爲目的展開對話，仍有極大可能達成共識。

如果在交往最初就能注意到這一點，收斂自己的鋒芒，使語言更顯謙恭，往往能奠定好的開始，爲接下來的交流營造出較愉快的氣氛，促進彼此之間共識的達成。如此，對雙方來說，既達到了目的，又增進了友誼，一舉兩得。

應特別注意一點：若是意識到此次談判一定會有一番激烈討論，更應懂得迎合對手、使氣氛和緩的技巧，因爲它將有效促使達到雙贏。

在商機無限的現代商場上，有無數的合作夥伴可以選擇，關鍵在於你如何說服他人與自己合作。這種時候，只要能夠說出一句眞正打動對方的話，就可能得到一次賺錢的機會。

與人交流溝通的最大忌諱，就是過於自我。若總是一句話便將別人的好意或提案嗆回去，總是覺得只有自己的想法最好，只想將自己偉大的一面展露在別人面前，不給別人表現的機會，等同於不懂溝通，必然將招致失敗。

創造機會的一個好方法，在於使對方於交談過程中多說「是」，雖然乍聽好像不容易做到，可一旦達成，效果必定相當好。

舉個例子來說，如果這次談判是為了使合作方案達成一致，你就應先開誠佈公地向對方表明自己的意向、合作目的，然後再繼續進行溝通。這樣一來，一方面表現了己方的誠意，另一方面，使對方覺得你和他們之間存在著很多共同的利益，雙贏便勢在必得。

在商場上打滾討生活，免不了要要求自己做到八面玲瓏，但要做到這點，必定離不開良好的溝通。

溝通是打開相互瞭解之門的鑰匙，更是結交朋友、擴大人脈網的前提。不懂溝通，就要學習溝通；沒機會展開溝通，則要主動爭取甚至創造機會。

溝通可以促成談判成功，也可能使交易失敗，所以，多給溝通留點空間、多學習溝通技巧是必要的。應盡可能地讓它充分發揮「潤滑」作用，為獲得雙贏種下希望之果。

在商務溝通中爭取成功

如果你能確切掌握某一特定領域內的所有情況，而你本身又是一個十分注重細節的人，說服力便可能比任何人都高。

隨著商業活動越發頻繁複雜，面對面談判的機會自然增加。商務談判既是雙方實力的較量，也是一場鬥智鬥勇的對決，是成是敗，足以產生極重要的影響，因此，任一方都不該輕易小覷談判的重要性。

如何才能在商務談判中獲取最大效益，其實有章可循，首要就在創造對自身有利的因素。

● 選擇最佳談判人選

絕大多數商務談判都需要多人一起參加，因爲如果單獨一人參加，力量往往不夠。參與者的挑選，要根據談判的重要性、困難程度以及時間長短來決定。

挑出的談判人選是否適當，對談判結果的好壞，往往有十分重大的影響，有更足以決定成敗。每次談判時，人員的選擇都要根據具體情況進行分析，如環境、談判的方法和條件等，必須慎重地加以考慮。

團體談判有獨特的功能目的，需要團體中的成員能夠履行計劃和目標。進退有度的團體談判領導者，會利用成員作爲讓步或拒絕讓步的藉口，如：「我要問問其他人的看法。」

談判的首腦應該盡可能地發揮每名成員的長處，知道如何在談判過程中利用團體裡每個人不同的專業背景與知識，並將準確的資訊及時提供給他們，讓他們做出最好的建議或決定。

●選擇對自身有利的場地

談判場地的選擇，也要根據情況進行具體分析。

一般來說，談判場地可以設在任何一方的辦公室裡，但是大多數人還是習慣在自己的地盤談判，因爲感覺比較踏實。

若對方被邀請到你的地盤談判，在開始會談之前，可以先藉問候寒暄得知一些資料，掌握對手的某些情況，爲接下來談判的展開，做好更充分、更有利於自己的準備。

談判場所的選擇，要盡可能滿足優雅、舒適兩大條件。房間的擺設，如燈光、座位等，都要在考慮之內，例如椅子坐起來應讓人感到舒適，視覺效果要好等等。這雖然都是小細節，卻足以決定談判的成敗。

值得一提的一點，是談判時座位的安排。

大多數人都會習慣性地認爲桌子前端的座位象徵著權威，坐在這位子上的人，一般來說講出的話較被人重視。

有的談判方會故意設計場地的擺設，讓對手坐在較低、較不利的座位，因爲在談話過程中，低座位者不得不仰視高座位的人，這樣一來，在氣勢上就已輸給了對手，坐高位者自然而然在氣勢上贏得了初步的勝利。

假如談判的地點設在對手的辦公室，出現以上的情況可能會不利於你，這種時候，「以毒攻毒」不失爲一個好辦法——直接坐到對手的位子上。直接表示自己的不滿，可以迫使對方重新安排位置，擺脫不利局勢。

●在議程中增加有利於自身因素

談判的議程由哪一方來確定，實際上都各有利弊。

議程由己方來定，讓對方接受的好處，在於可使對方處於不得不被動自衛的劣勢中，還可以進一步利用議程排序，製造出種種對自己有利的條件。

擬定議程時，千萬不可流於形式。不成熟的議程只是印好的表格、契約或租約，沒有眞正的意義。合格的議程應該提出需要討論的各種問題，問題的提出順序，則該由小到大，依次排列。這樣，就可以避免實際談判中的無謂浪費，把更多的時間留給更重大的問題。

另外，議程中的時間安排也需要注意。談判的時間和舉行地點同樣重要，一天中哪些時段，個人處於最佳狀況，何時處於最低潮，都有一定的規律性。

外部因素必須處理好，談判者的素質也需要重視。

每個人都可能有適合參與談判的潛能，關鍵在於如何加以挖掘並利用。以下是談判人員必須具備的能力：

・較強的語言表達力

有些人的語言表達能力非常強，這就是他們最大優點，能夠清楚、簡練地表達內心的想法，使事情易於被人理解。由這樣的人參與談判，結果自然會比他們的預想來得更成功。

但是，也有些人會採用另一種溝通策略，把含混不清的說話方式作爲一種談判手段，用模糊不清的語言迷惑談判對手，進而使自己佔據有利地位。

・細心

談判過程中的問題有主次之分，事實上，造成僵局的通常是次要問題。若只關注主要問題而忽略了次要問題，便極有可能致使雙方溝通不良、談判停滯不前。因此，必須細心留意所有情況。

・耐心

耐心在談判過程中是極其重要的，甚至能轉劣勢爲優勢，而缺乏耐心則可能導致談判失敗。

・不忽視細節

談判中，最具說服力者，就是注重細節的人。

如果你能確切掌握某一特定領域內的所有情況，而你本身又是一個十分注重細節的人，說服力便可能比任何人都高。

在合適的情況下，挑選合適的人進行商務談判，理所當然能夠達到的溝通效果最好，成功的機率也最高。

投桃報李，建立良好互動關係

人是感情的動物，抱持「投之以桃，報之以李」的態度與人溝通交往，收效將超乎想像。

正如人與人的溝通很難永遠順暢，商務談判也不可能每一回都順利地達成協議，因爲參與雙方都在密切觀察對方，尋求談話漏洞的蛛絲馬跡，以便取得更多的利益。

由於出發點都在確保自己的利益，談判參與雙方常常會有僵持不下的情形發生，使溝通無法順利繼續。想要使談判變得順利，建立良好溝通模式是必須的。良好溝通模式可以促使雙方以更快的速度完成協定，並且找出對彼此眞正有益的方式，不浪費太多時間在談判桌上。

在談判場合建立良好溝通模式，有以下兩種方法：

• 變敵對為合作關係

能把溝通建立在雙方合作的基礎上，談判自然會朝著對彼此都有利的方向前進。因此，談判展開之前，最好先要找出彼此的共同利益，然後努力促成雙贏，使氣氛融洽。

• 投之以桃，報之以李

在談判過程中，運用投桃報李的方法，主動釋出善意，對建立良好的談判關係有很大幫助。

在不過分損失己身權益的情況下，滿足對方感興趣的事情，將能促使感激心理產生，爲雙方的溝通建立好的開始，使關係得以往良性方向發展。

在談判桌上，採取與對手針鋒相對、據理力爭策略同時，關心別人、體諒別人、設身處地站在他人立場著想的心態也不可完全忽略，因爲這種溝通方法往往更有利於談判。人是感情的動物，抱持「投之以桃，報之以李」的態度與人溝通交往，收效將超乎想像。

千萬不要只把談判對手當成敵人，應放下敵意，試著與對方建立良好的互動關係，以求既順利且迅速地達成協議。

更進一步來看，建立良好關係同時，若期望有效戰勝談判對手，可以從以下兩個方向著手：

• 談判展開前，先威懾住對手

相信任何人都知道，好的開始是成功的一半，但也明白另一個道理，就是「萬事起頭難」。

開個好頭，對談判來說尤為重要。談判開始時，每位談判者都要各就其位、各盡其責，針對談判內容展開討論。雖然這個階段在整個過程中只占很小一部分，卻非常重要，因為它將足以決定整場會談的基本方向。

此時，必須採取審慎態度應對，因為差之毫釐，失之千里。

• 從對方的立場看待問題

談判桌上，參與雙方在每個問題上的立場，基本上都是完全對立，分歧在所難免。而雙方免不了又都會爲各自的利益據理力爭，想盡一切辦法說服對手，使得談判向著有利於自身的方向發展。

這種時候，人們往往會犯下一個同樣的錯誤，就是只顧自己，而不能從對方的立場看待問題。

雖然舉行談判的目的，就在於爭取對自己有利的東西，但若能稍稍在談判桌上爲對方多著想，將能明顯增強自己的說服力，從而掌握談判進行的大方向。

溝通過程中，最有效的「說服」，是讓別人按照你的想法去做，但絕對爲心甘情願的接受，不包含強求、壓迫等因素在內，這一點，值得所有有志於提升言語溝通能力的人牢記。

PART

9

適當的讚美助你事半功倍

當對方犯了錯誤，不要毫不留情的給予指責，最好的溝通方式是透過讚美先緩和關係，然後再給予適當責備。

言談有度，掌握語言的藝術

> 不卑不亢的說話態度、優雅大方的肢體語言、因時地制宜的表達方式，三者合一，就是語言的藝術。

人際交往溝通，絕對離不開語言。

語言可以將你送上事業的最高點，當然也可以把你打入低谷，決定成敗的關鍵在於你怎麼去說，以及會不會說。

在辦公室裡，要如何與同事溝通交流呢？

- **發出自己的聲音**

老闆真正欣賞的，不是唯唯諾諾的應聲蟲，而是那些真正有思考與判斷能力、具自我見解的員工。

如果你經常對別人的意見持「無所謂」或者「無條件同意」態度，你的光彩必定會被埋沒。

眞正有企圖、有幹勁的人，不管身處的職位高或低，都會盡可能讓別人聽到自己的聲音，大膽地說出自己的意見，不管是否被採納。

● **語言要溫和**

在辦公室裡與人說話，態度要保持溫和謙恭，讓人覺得有親切感。動輒開口嗆人、損人絕對是大忌，也不要隨便用命令式的口吻與人交談。

說話時用手指指著對方，會讓人感覺受到侮辱，是一種相當不禮貌的行爲，應該時時提醒自己。此外，在大家的意見不統一時，也不要自以爲是地強迫別人聽從自己。除非是事關重大的原則性問題，否則沒有必要和同事爭得面紅耳赤、你死我活。

確實有些人天生口才就很好，但也要用在正確的地方，才能發揮作用。如果你要想展現自己，可以將說話本領發揮在商業談判上，千萬不要在辦公室裡逞一時之快，否則必會於同事心中留下不好的印象，使他們對你敬而遠之，久而久之，淪爲不受歡迎的人。

●適度收斂自己的鋒芒

倘若你的能力極高，或者正好是老闆眼中的大紅人，會不會因此得意洋洋地四處炫耀自己？

切記一點：驕傲使人落後，謙虛使人進步，無論能力多強，仍要謙虛謹愼。「人外有人，天外有天」是絕對的定理，強中自有強中手，平時若不懂得謙虛待人，收斂鋒芒，必定會在吃癟時成爲別人的笑料。

無論多麼受老闆重用，你都不能在辦公室裡炫耀，因爲在得到表面上的恭喜同時，實際上，同事們正在內心深處嫉恨著你。

●私事留待下班後

總有這樣一些人，藏不住話、性子又直、喜歡向別人傾吐苦水。這樣雖然能很快拉近彼此間的距離，獲得友誼，但心理學家調查研究證明，事實上，只有一%的人能夠眞正對秘密守口如瓶。

因此，當你的生活出現危機，諸如失戀、婚變等，不要在辦公室裡隨便向人傾訴，特別是工作上的怨言與困擾，更不該輕易吐露給讓身邊的同事知道。

聰明、懂得拿捏溝通尺度的人，不會犯這樣的錯誤。他們必定會儘量避免在工作場所議論是非，眞的要想傾訴心事，也會寧可於下班後找幾個眞正可信賴的知心朋友，找個隱密的環境，好好聊聊。

說話要分場合，講究分寸和方式方法，最關鍵是要「得體」。

不卑不亢的說話態度、優雅大方的肢體語言、因時地制宜的表達方式，三者合一，就是語言的藝術。掌握這種語言藝術，將能夠使你更自信、嫻熟地與人溝通，從而在任何領域上獲得成功。

化解身邊的矛盾與嫉妒

想要化解身邊困擾著自己的矛盾與嫉妒情緒，毫無疑問，你必須憑藉「溝通」這個有效法寶。

溝通不是萬能，沒有溝通卻是萬萬不能。

和睦的工作氛圍是提升團隊向心力與效率的關鍵，這種氣氛，是在同事、上下級間做好溝通的前提下形成的。

溝通可以使同事間的矛盾由大化小、小而化了，更可以修復因摩擦產生的心靈傷痕，創造其樂融融的工作氣氛。

溝通的最主要功效之一，在於化解矛盾。

親朋好友之間，磕磕絆絆在所難免，與同事相處的過程中，自然也免不了糾紛、衝突、多多少少會有不愉快的事情發生。

學會溝通，可以使一切糾紛矛盾在交流中得到化解，從而鞏固人際關係，帶動事業蓬勃發展。

工作中，面對一些同事做了對不起自己的事，說了對不起自己的話，應該充分利用溝通了解問題或誤會產生的癥結所在，加以化解。一味地針鋒相對、以牙還牙是錯誤的做法，絕對無濟於事。

遇到比較難以化解的矛盾，更要仰仗溝通，讓對方瞭解自己的想法。當然，這要以眞誠的心爲前提。若是心口不一，表面上爲了講和，實際上卻是在爲自己辯解、推卸責任，必定收不到理想效果。

溝通的另一功效，在化解嫉妒。

嫉妒之心人皆有之，嫉妒的對象也因人而異，例如男人會嫉妒他人的地位、能力，女人會嫉妒他人的美貌，商人會嫉妒他人發大財，爲官者會嫉妒他人順利升遷……等等。

從本質上說，嫉妒就是看不得別人比自己強的一種心理失衡。那麼，該如何避開嫉妒的暗箭，防止它傷害他人或自己呢？

我們可以參照以下幾點：

• 視而不見

面對嫉妒心很強的人，即使你對他再寬容友好，多半都無濟於事。最好的辦法是視而不見，不加理睬，因為與這種人往往沒有道理可講，更難以順利溝通。

「沉默是最有力的反抗」，對無法消除的嫉妒，就由它去吧！

• 不要輕易展露鋒芒

一個人若非常有才華，或者長相十分漂亮，難免會遭人嫉妒。在這種情況下，如果再刻意招搖，嫉妒者必定只會增加，不會減少，使自己成為被攻擊的對象，處於孤立的境地。

爲了避免陷入如此困境，不如適度地對自己加以貶低、自嘲，或者在一些輕鬆的場合故意顯露出不足，以求得自保。

● 學會容忍，以德報怨

與具強烈嫉妒心的同事針鋒相對，不會產生任何作用。

事實上，你大不必因爲對方表現的嫉妒而生氣，反而應該高興，因爲那種表現證明了你的過人實力。

所以，你大可以寬容大度的心看待一切，與他友好相處，在適當的時候給他一分關心和幫助，適度化解一部分嫉妒。

想要化解身邊困擾著自己的矛盾與嫉妒情緒，毫無疑問，你必須憑藉「溝通」這個有效法寶。

出色溝通，少不了真心尊重

每個人都希望自己的特點和風格能被人接受並得到重視，都渴望獲得來自他人的尊重和信任，不願被等閒視之。

與客戶溝通一定要掌握適切標準，不該說的別說，不該做的別做。無論如何必須牢記一點：客戶不是你的朋友，也不是同事，因此在尺度的拿捏上更需要注意。一般說來，與客戶溝通時，要注意以下幾方面：

• 注意交談的內容與方式

與客戶交談，一定要注意對話內容與方式，爲了便於溝通，可以在不觸犯隱私的範圍內適當地談點私人話題，或者對他來說比較重要的事情，以求拉近雙方的距離。

如果不注意與客戶交談的內容與方式，不能把握好應有的分寸，就有可能因爲溝通不當導致負面結果。例如，對方與你談及滑雪的技術和他對滑雪的喜愛，就算你本身對此一竅不通，或者根本打從心底討厭下雪和寒冷天氣，也應該表現出禮貌與熱情，專心聆聽。

●避免使用尖刻的言語

一對夫婦在一家店裡挑選手錶，選來選去，總是拿不定主意。

東挑西選後，倆人好不容易看上一只手錶，便向店員詢問價格，沒想到店員有些不耐煩了，竟如此回答：「對你們來說，這只手錶明顯太貴了。有些人就連買一只幾百元的手錶也要討價還價，但也有些顧客，即便看上的是幾十萬元的手錶，眉頭也不皺一下。你們應該明白，我願意為哪種顧客服務。」

聽完這番話，夫婦倆放下手錶，忿忿地離開了那家表店。

不妨思索一下，這位店員的言語得體嗎？相信答案絕對是否定的。過於尖刻的言語會得罪上門的客戶，將到手的生意推出去，怎麼看都不划算。

‧表達意見時，充分讓對方理解

有一次，一家美國公司向日本某企業進行推銷。從早上八點開始，美國公司的業務代表詳盡地介紹他們的產品，利用投影機把所需的圖表、圖案、報表打在螢幕上，熱情洋溢地宣傳著。

兩小時後，介紹終於結束，美國代表用充滿期待和自負的目光看著台下的三位日本商人，問道：「你們覺得如何？」

第一位日本人笑了笑，搖了搖頭說：「我沒聽懂。」

第二位日本人也笑了笑，跟著搖了搖頭。

第三位日本人什麼也沒做，只無奈地攤開了雙手。

美國代表大受打擊，面無血色，有氣無力地說：「這是為什麼呢？」

爲什麼近兩個小時熱情洋溢的辛苦介紹，最終毫無效果？

答案其實很簡單，因爲美國人只單方面地按照自己認爲合理的表達方式去做介紹，並沒有顧慮到對方是否能夠接收並理解，因而導致了「鴨子聽雷」的狀況。所以，在與客戶溝通的時候，一定要確認自己的表達能夠得到對方的充分理解，以確保溝通的效用。

●尊重對方

每個人都渴望受到尊重，在商場上更是如此。

因爲沒能付出應有尊重，導致破壞了溝通的氣氛，相當不值。

爲了確保合作愉快，一定要把你的客戶當作重要人物來對待，讓他們體會到，你確實付出了特別的尊重，更看重彼此的合作。讓他清楚，你時時把他擺在重要位置。如此一來，自尊心得到了滿足，自然樂於再次合作。

不僅只有商場，現實生活中的狀況也是同樣，每個人都希望自己的特點和風格能被人接受並得到重視，都渴望獲得來自他人的尊重和信任，不願被等閒視之。用尊重態度待人，絕大多數溝通難題都能迎刃而解。

說服，需要事實作輔助

要想說服對方，必須拿出充足的理論依據。提供切實的材料，比費盡唇舌的勸說更有力。

溝通本領好壞、說服力高低，影響著與客戶交易的成與敗。想要使客戶認同自己的觀點、接受自己的商品，說服力將產生極大的作用。爲了更好、更完善地與客戶交流，必須掌握說服他人的技巧，使自己的說服力進一步增強。

很多人都忽略了一個道理：一個人的說服力高低，並不單單受到嘴上功夫控制，也會爲其他方面的因素影響。

以下幾點，是有效增強說服力的重要因素：

●良好的儀表

美國心理學家塞克曾做過一個實驗，召集了六十名志願者，吩咐他們每人跟三位行人談話，請求他們支持一個發起反對校內早餐供應肉食運動的團體。

行動之前，研究人員對每位志願者的各種情況，諸如外表是否漂亮、口齒是否伶俐、能否令人信賴、能否說服人以及智力高低……等等，都做了詳細的統計與歸類。實驗結果發現，在相同條件下，儀表良好的人一般比不注重儀表的人更容易成功。

這項實驗，清楚突顯了儀表可能產生的重要作用。所以在與客戶交往時，一定要注意自身儀表是否整潔。

●同意對方的意見

心理學家透過多項研究，發現一個事實：要改變別人的意見，勸說者首先必須站在對方那一邊，取得信賴，促使雙方的關係融洽。達到這項目標以後，勸說的話便可以很快地產生作用，使對方接受。

為什麼呢？這是因為人都有一個共同的天性，希望得到別人的認可，並且對贊同自己的人抱持友善態度。

●說服時有理有據

不管在什麼樣的情況下，要想說服對方，都必須拿出充足的理論依據。向對方提供切實的材料，比費盡唇舌的勸說更有力，特別是對於一個猶豫不決的人，道理與數據勝過一切。

●以事實說服對方

想要使人信服，以實例證明要比空洞的論述有效得多。

例如，有一位病人非常抗拒服藥，醫生為此費盡唇舌勸說他服用某種藥物，並告訴他這種藥物如何有效、如何神奇，舉出許多理論，可是這位病人仍不見得馬上就會相信。與其如此，不如直接告訴他，另一位症狀相同的病人服用這種藥物後，康復極快、效果奇佳，那麼很容易就能說服這位病人了。

走對路，成功說服客戶

在與客戶溝通時，先找到雙方的共鳴之處，以此為溝通點，進行下一步的交流，比較容易達成共識。

一般來說，說服客戶要比說服其他人更難，因爲與客戶之間必定存在著利益與金錢的關係，因此，雙方都會比較慎重。

要想有效說服客戶，必須按照一定的原則進行。

●說服之前，先瞭解對方

「知己知彼，百戰不殆」，適用於戰場，也適用於商場。說服客戶之前，必須盡最大可能去瞭解對方的一些情況，這樣才能有針對性地進行說服。

瞭解對方時，要注意以下幾點：

第一、看性格。

不同性格的人，接受他人意見的方式不一樣。瞭解對方的性格，就可以根據以選擇出最合適的說服方式。

第二、瞭解對方的特長。

一個人總是對自己的長處感到自豪，想要說服他人，可以將對方的長處當作切入點，拉近彼此的距離，讓說服工作進行得更容易。

第三，摸清對方的喜好。

有人愛下棋、有人愛釣魚、有人愛畫畫、有人愛唱歌，總之人人都有自己的愛好。若能先從對方的喜好入手，再進行說服，較容易達到目的。有些人不能說服對方，是因爲事前沒有充分瞭解，無法運用適當的說服方式，自然就不會得到理想的結果。

所以說，在說服之前，一定要充分瞭解對手與狀況，再針對性地採取相應的說服方式。

●要耐住性子

如果你的觀點是對的，卻無法和對方達成共識，如此情況下，就該稍微緩一緩，不要操之過急。

人的觀點不是一兩天可以形成的，要改變也絕非一日之功。這時候就需要耐住性子，表現出不達目的不罷休的毅力。

掌握一定原則以後，進一步來看，想成功地說服客戶，需要運用有效的策略。一般說來，有以下幾項：

●以情感人

人是感情的動物，往往以此主宰自己的行爲。

說服客戶時，不妨先從感情方面入手，儘量營造出一種平和、熱情、誠懇的氣氛，使雙方能得到感情上的交流。

● **以退為進**

心理學上有個名詞叫「自己人效應」，意思是說與人接觸，要取得人家的信任，就應該先讓對方認可你是「自己人」，如此方能消除陌生感，製造順利溝通的有利因素。

● **尋找溝通點**

與客戶溝通時，先找到雙方的共鳴之處，以此爲溝通點，進行下一步的交流，比較容易達成共識。共同的愛好、興趣、性格、情感、方向、理想、行業、工作等，都是很好的溝通點。

● **步步引誘**

美國的門羅教授曾發明一種激發動機的說服法，程序如下：

1. 引起對方的注意。

2. 明確對方的意圖，把說服話題引到自己的問題上。

3. 告訴對方怎麼解決，指出具體的辦法。

4. 預測不同的兩種結果。

5. 說明應該採取的行動。

在說服的過程中，要儘量站在對方的立場上看問題，直到說服對方爲止。與客戶溝通，在遵循原則的前提下進行說服，相信會有出乎意料的好收穫。

及時給「糖果」，會有不同的效果

賞人巴掌之後要記得給他一顆糖果！及時補救不僅安撫對方的情緒，還能讓他心甘情願地更加賣力。

人難免會有情緒起伏，但是，意氣用事、過於衝動的結果，往往會造成他人情感上的傷害。

事情發生的原因也許在於自己，也有可能是對方的緣故，但無論如何，這時都需要以積極的心態來處理已經發生的事情，及時進行溝通交流，防止壞情緒繼續蔓延。

張總經理的脾氣比較暴躁，並且對於工作總是一絲不苟，如果讓他看到哪個部門經理工作不負責任，或者令他不滿意，他就忍不住當面直接地指出來，讓對方很難堪。

雖然張總經理這麼做是為了工作，部門經理們的心裡也很明白，知道他是對事不對人，但是心裡畢竟不是滋味。

有一回，張總經理又在辦公室發飆，把一個部門經理痛罵一頓。事後，張總經理冷靜下來，知道自已太衝動了，而且後來聽部下解釋，知道那個錯誤只是意外事件，並非整體表現不佳，況且這位經理平時的工作十分出色，成果還是可觀的。

於是，張總經理馬上進行「補牢」的工作。

那天下班之前，他派人把這位經理找來說：「今天委屈你了，首先，由於我過於衝動沒有認真地瞭解實際情況，對你的責怪不當，我感到很抱歉。不過，你們部門的工作效率仍然需要提升，相信你能做到這一點。」

幾句話讓部門經理的心理得到了安慰，同時又有一種被信任感，再大的委屈也就拋到九霄雲外去了。

如果你光會罵人，被罵的人通常認爲你滿腦子偏見又沒有修養，但是，如果你懂得罵人之後及時給顆「糖果」，卻會產出不同的效果，可以讓被罵的人即使心中有氣，但不至於那麼在意。

賞人一個巴掌之後，記得給他一顆糖果！

雖然大家都知道要控制自己的情緒，不能輕易地「打人巴掌」，但既然「打」了，事後給不給「糖果」，效果便大不相同。

及時補救、及時交流，能讓整體情勢朝著完全不同的方向走，不僅安撫對方的情緒，還能讓他心甘情願地更加賣力，不至於讓自己在推動計劃之時遭遇無謂的阻力。

適當的讚美助你事半功倍

當對方犯了錯誤，不要毫不留情的給予指責，最好的溝通方式是透過讚美先緩和關係，然後再給予適當責備。

人們在受到責備時，多少會感到不痛快，因此必須謹慎行事。成功的指責是一種讚美，失敗的指責則正好相反，足以導致人際關係的動搖。

指出別人的錯誤，是對別人某項特質或某種行爲的否定，而否定又有輕重之別，應該針對犯錯者的個性採取區別對待，採用適當的方法分別指出。

如果你是公司老闆，見到員工在工作中出現失誤，你就應當講究指正方法，做到因人而異，使溝通發揮積極意義。

有的員工因爲本身個性的原因，常常缺乏幹勁，沒有主動性。對於他們的毛病，強硬指責往往無濟於事，因爲主動性必須從內心眞正激發出來，而非僅憑外在壓力就能達成。

對待他們，指責只能是隱晦的，更適當的方法是進行激勵，或儘量調整職務內容，把工作與他們的專長和興趣聯繫。

以激勵替代指責，如此的溝通方法還能使員工產生責任感，在這種溝通模式下，員工必然心服口服，因爲努力得到了承認，積極性也得到了肯定。

有些時候，你可能會碰上一些比較「特殊」的人，無論怎麼批評、怎麼指責，對方都只是聽之任之，我行我素，依然如故。

千萬不要因此動怒，事實上，還是有溝通的方法。

有位女經理，精明強幹，手下的一班幹將也都十分出色，但前不久一名助手因為還居而調職，由一位剛畢業的大學生接任。

這位新來的女大學生，人長得漂亮，又很會打扮，專業能力也很強，但做起事來馬馬虎虎，接手不久便出了不少狀況。

女經理一開始還忍著，認為一段時間之後會有改善，但事與願違，對方仍然是老樣子。非但如此，這個女孩把任何批評、責備都當耳邊風，讓人又氣又急，偏偏拿不出辦法。

有一天，那位女經理突然靈機一動，決定改變溝通方式——減少責備，把重點放在稱讚對方的優點上。

一天，這個女孩換上一身新衣，梳了時下較流行的髮型來上班。女經理一看，覺得機會來了，便馬上稱讚說：「這身衣服真不錯，再配上這個髮型，實在漂亮。要是妳工作起來也能一樣漂亮就好了！」

女孩聽了，臉一紅，馬上意會到經理話中有話。

沒想到這個辦法真靈驗了，不出幾天，那女孩的表現就好了很多，一個月後，表現出非常出色的工作成績。

溝通的目的，在促進彼此理解，因此可以透過許多途徑進行，責備固然是一種，但最好少用。

要使對方理解自己的想法，可以從另一個角度出發，利用稱讚來使他們改掉毛病，進而達成目的，提高整體的工作效率。

當對方犯了錯誤，不要毫不留情地給予指責，最好的溝通方式是透過讚美先緩和彼此的關係，然後再給予適當責備。

不要盲目聽信別人的說詞

廣納雅言固然是好事，但是更重要的，是培養出自我的價值判斷，不被其他的傳言迷惑，才能在濁流中看清楚真相。

活在這個腦力競賽的社會，想要出人頭地，就必須要求自己具備一些做人做事應有的智慧！

有點心機，並不是件齷齪的事，重點在於你如何將心機運用在正確的時機。要是沒有心機，不知看時機調整行事方向，就是一個不懂得變通的蠢蛋，只會讓自己的人生頻頻「當機」。

著名的國畫家俞仲林，最著名的就是他筆下的牡丹花，只要大筆一揮，畫出來的牡丹一朵朵栩栩如生，而且儀態萬千，充滿了富貴吉祥的氣氛。

一次，有個人慕名而來，高價買了一幅俞大師親手繪製的牡丹花，並且非常得意地把它懸掛在大廳裡。來家裡拜訪他的朋友無不對此津津樂道，紛紛稱讚牡丹花的筆法巧妙，畫工精湛，大廳裡擺上這麼一幅畫，真可說是錦上添花，主人聽了這些讚美自然喜上眉梢，笑得合不攏嘴。

誰知才沒過幾天，一個懂畫的朋友來到家裡，看到這幅牡丹花非但沒有驚為天人，反而搖了搖頭說：「這幅畫畫得雖好，卻不吉利，你看，畫中的牡丹沒畫全，少了一個邊，牡丹代表富貴，這下子豈不成了『富貴不全』嗎？」

主人聽了氣急敗壞，心裡暗暗罵道：「在大廳裡擺幅畫就是為了討個好兆頭，如果意味著不吉祥，那麼這幅畫怎麼還能要呢？大師雖然是大師，下筆也未免太不小心了！」

於是，他把畫拿回去，希望俞大師重畫一幅，以表示負責。俞仲林聽了他的說明，沒有流露半點不悅的臉色，只笑了笑說：「你沒看懂這畫中有話呢！牡丹代表富貴，少了一個邊，表示『富貴無邊』，還有什麼比這個更吉利的呢？」

這個人聽了這番解釋之後，總算放下了心上的一塊大石頭，高高興興地把畫給捧回家去了。

「見人說人話，見鬼說鬼話」是這個社會的常態，因爲，以善意包裝惡意，最能混淆別人的視聽，也最能掩飾自己的卑劣動機。如果你不想受到有心人愚弄，那麼就要在自己的心中建立一套評判事物的價值標準，不要盲目聽信別人的說詞。

一個人如果沒有自己的價值標準，自然會人云亦云。

連小小的一朵牡丹花，也可以解讀成兩種意思，更何況所有大大小小、紛紛擾擾的人與事？如果只會一味地聽信別人的意見，那麼十個人有十種不同的意見，豈不是得一變再變，煩不勝煩？

大部分的人都隨波逐流，哪兒風大往哪兒倒，別人怎麼說，口碑怎麼傳，就決定跟著怎麼做。廣納雅言固然是好事，但是更重要的，是培養出自我的價值判斷，不被其他的傳言迷惑，才能在濁流中看清楚眞相。

PART

10

揣摩心意，就能讓對方同意

被說服者會感到憂慮，主要是擔心「同意」之後就會產生意想不到的後果。如果能夠洞悉他們的心態，並加以疏導，成功率就會大大提升。

揣摩心意，就能讓對方同意

被說服者會感到憂慮，主要是擔心「同意」之後就會產生意想不到的後果。如果能夠洞悉他們的心態，並加以疏導，成功率就會大大提升。

求人做事不可能一蹴而就，不能凡事都直來直往。

想要說服別人，別人就會本能產生反說服的心理，越努力說服，對方的防範心理就會相對越發強烈。相反地，若是循序漸進，用誘導的方式一步一步試著說服對方，就會順利得多。

那麼，該如何達到自己的目的呢？

曾經有一位人力資源專家表示：「假如對方很愛說話，那麼我就有希望成功地說服他。因爲對方已經講了七成話，我們只要說三成話就夠了！」

實際上，很多時候，人們爲了要說服對方，滔滔不絕地講道理，把話說了七成，只留三成讓對方「反駁」。這樣如何能順利圓滿地說服對方？

要學著儘量將自己原本說話的立場轉換成聽話的角色，瞭解對方的想法、意見，這才是最重要的。

如果感覺到對方依然堅持他原來的想法，此時最好的辦法，就是先接受他的想法，或者先站在對方的立場發言。

事實上，每個人都有很強烈的自尊心，當自己的想法遭到別人否決時，極可能爲了維護自我尊嚴或嚥不下這口氣而變得更加倔強，排拒反對者的建議。若是說服別人落到了這個地步，成功的機會就相當渺茫了。

一家電器公司的推銷員挨家挨戶推銷洗衣機，當他到了某戶人家裡，恰好這戶人家的太太正在用洗衣機洗衣服，他就連忙說：「哎呀！妳這台洗衣機太舊了，用舊洗衣機是很費時間的。太太，該換新的啦！」

結果，還沒等這位推銷員把話說完，這位太太心中立刻產生了反感，駁斥道：

「你在說什麼啊！這台洗衣機很耐用，我都用六年了，到現在還沒有發生過故障，新的也不見得好到哪兒去，我才不換新的呢！」

這位推銷員只好無奈地離開了。

又過了幾天，又有一名推銷員來拜訪。簡單地溝通之後，他初步瞭解了這位太太的心態，便說：「這是一台令人懷念的洗衣機，因為非常耐用，所以對太太有很大的幫助呀。」

這位推銷員先站在對方的立場上說出她心裡的話，讓這位太太非常高興，於是她說：「是啊！這倒是真的！我家這部洗衣機確實已經用很久了，是有點舊了，我正在考慮要換一台新的洗衣機呢！」

於是，推銷員馬上拿出洗衣機的簡介，提供給她做參考。

用這種說服技巧，對推銷產品確實大有幫助，因爲這位太太已經動了購買新洗衣機的念頭。至於推銷員是否能夠說服成功，答案幾乎是肯定的，只不過是時間長短的問題罷了。

有時對於會使對方感到不安或憂慮的問題，要事先想好解決之道，以及說服的方法，一旦對方提出問題時，就要立刻提出明確的解釋。如果事先準備不夠充分，講話時模稜兩可，反而會令人感到不安。

所以，在行動之前，應該事先想好一個能夠引起對方思考的問題，此外，還應準備充分的資料，讓對方感到方便安心，這是相當重要的。

善於觀察與利用對方微妙心理，是幫助自己提出意見並說服別人的要素。

一般來說，被說服者會感到憂慮，這是正常的情況，主要是擔心「同意」之後就會產生意想不到的後果。如果能夠洞悉他們的這種心態，並加以疏導，成功率就會大大提升。

搞懂對方的想法，事情就沒那麼複雜

一個人之所以依照自己的想法做事，一定存在著某種原因。查出那個隱藏的原因，你就等於擁有解答對方行為的鑰匙。

想要擁有絕佳的人際關係，最有效的做法是搞懂別人的想法。只要搞懂對方的想法，事情就沒想像中那麼複雜。

試著去瞭解別人，從對方的觀點來看待事情，如此一來也許就能解決許多棘手的問題，使你達成目的，減少摩擦和阻礙。

一位對工作兢兢業業的年輕人威森，為一家專門替服裝設計師和紡織品製造商業設計花樣的畫室推銷草圖，一連三年，威森先生每個星期都會去拜訪紐約一位著名的服裝設計師。

「他從不拒絕接待我，」威森回憶這段經歷時説道：「但他也從來不買我的東西。他總是很仔細地看看我的草圖，然後説：『不行，威森，我想我們今天談不成了。』」

經過一百五十次的失敗，威森終於明白自己失敗的原因。於是他下定決心，每個星期抽出一個晚上研究與人溝通課程。不久，他開始嘗試一種新方法。他隨手抓起六張畫家未完成的草圖，衝入買主的辦公室。

「如果你願意的話，希望你幫我一個小忙，」他説，「這是一些尚未完成的草圖。能否請你告訴我，我們應該如何把它們完成才能對你有所幫助？」

這位買主默默看了那些草圖一會兒，然後説：「把這些圖留在我這兒，過幾天再來見我。」

三天以後威森又去了，獲得買主的某些建議，他拿了草圖回到畫室，按照買主的意思把它們修飾完成，結果這次那位買主全部接受了。

從那時候開始，買主又訂購了許多其他的圖案，還把威森介紹給他的其他朋友。

所有這些都是根據買主的想法畫成的，威森卻淨賺了不少傭金。

「我現在明白，這麼多年來，為什麼我一直無法和這位買主做成買賣。我以前只是催促他買下我認為他應該買的東西，而我現在的做法正好完全相反，我鼓勵他把他的想法告訴我，我現在根本用不著去向他推銷。」

羅斯福當紐約州州長的時候，一方面和政治領袖們保持很良好的關係，另一方面又強制進行一些他們不支持的改革。

如果有一個重要職位空缺時，他就邀請所有的政治領袖推薦接任人選。羅斯福說：「起初他們也許會提議一個很差勁的黨棍，就是那種需要『照顧』的人。我就告訴他們，任命這樣一個人不是好政策，大眾也不會贊成。」

「然後他們又會建議另一個老官僚的名字。我告訴他們，這個人無法達到大眾的期望，接著我又請求他們能否找到一個顯然很適合這職位的人選。」

「經過幾次之後，他們就提名一個我心目中的最佳人選。我對他們的協助表示感激，接著就任命那個人，還把這個任命的功勞歸之於他們。我這麼做是為了能使他們感到高興，他們則以支持像『文職法案』和『特別稅法案』這類全面性的改革方案來讓我高興。」

羅斯福面對棘手的問題，會盡可能地向他人請教，並尊重他們的忠告。當他要任命重要人選時，也讓那些政治領袖們覺得，是他們推薦了適當的人選，如此一來，推動政務之時當然減少許多阻力。

一個人之所以依照自己的想法做事，一定存在著某種原因。查出那個隱藏的原因，你就等於擁有解答對方行爲的鑰匙。

人與人之間的互動其實沒那麼複雜，如果你問問自己：「如果我處在他的情況下，我會有什麼感覺，有什麼反應？」那麼你就會節省不少時間，減少很多苦惱，並大大增加你在人際交流方面的技巧，順利達成自己的目的。

了解對方想法，讓雙方都是贏家

雙贏無疑是最佳的選擇。進行有效的溝通，站在對方角度看待問題，找到彼此之間利益的共識，最終各取所需，各有所得。

在變幻莫測的商場上奔走，除了必須具備敏銳的思維、獨到的眼光、清醒的思維之外，溝通的智慧也必不可少。

掌握了溝通的藝術，領略溝通的眞諦，在生意場上將能暢通無阻。在溝通的過程中，學會站在對方的角度思考，成功就會與你越來越近。

眞正的溝通高手會站在對方的立場，替對方著想，力求達到雙贏，這才是最高明的辦事方法。

一九八七年六月，法國巴黎網球公開賽期間，奇異公司執行長傑克．威爾許與商業夥伴相約一同觀賞這項盛大的賽事。

法國政府控股的湯姆遜電子公司董事長阿蘭．戈麥斯也在受邀名單之列。

戈麥斯是一位既風趣又有魄力的人。威爾許已經事先約好第二天到辦公室拜訪他，因為彼此的企業都需要幫助。

湯姆遜公司擁有的醫療造影設備公司是威爾許想要的。這家公司實力並不是很強大，在行內排名也只位居第五名。

威爾許的奇異公司在美國醫療設備行業擁有一家首屈一指的子公司，幾乎壟斷了美國醫療設備的全部業務，但在歐洲市場卻明顯處於劣勢，更被排拒在法國市場之外。

會談過程中，因為戈麥斯不想把醫療業務賣給威爾許，所以威爾許決定用其他業務與對方的醫療業務交換，看他是否對此感興趣。

威爾許非常清楚戈麥斯對於奇異的業務沒有興趣，也絕不會做賠本的交易。於是，威爾許走到湯姆遜公司會議室的白板前，列出了他可以與戈麥斯交換的一些業務。

他首先列出的是半導體業務，但對方不感興趣，他又列出電視機製造業務，戈麥斯立即對這個想法產生興趣。因為從他的利益角度來看，目前他的電視業務規模還不算很大，而且侷限在歐洲範圍之內，這種交換不但可以甩掉那些不賺錢的醫療業務，而且又能使他一夜之間成為第一大電視機製造商。

兩人達成共識後，談判立即展開並且很快達成一致。

談判結束後，威爾許激動地對他身邊的秘書說：「天啊，是上帝讓我與戈麥斯有了這次想法上的溝通，使我做成了這筆交易，這就是溝通的藝術，權衡利弊，換位思考，我一定要把它運用得更好。」

戈麥斯回到辦公室後也有同樣的感觸，他也同樣清楚，這筆交易使他獲得一個相對穩定的規模經濟和市場地位，可以迎接一場巨大的挑戰。

奇異公司想要擴張歐洲市場版圖，看起來是件難事，但透過威爾許的溝通談判，奇異公司在歐洲的市佔率提高到十五%。湯姆遜公司也實現了成為最大規模的電視機生產商的夢想。

威爾許、戈麥斯都各自實現了自己的理想，最終取得了雙贏。

在商場上，雙贏無疑是最佳的選擇，但要做到這一點，卻具有一定的難度，必須具備溝通智慧，爲彼此製造機會。

威爾許、戈麥斯成功的原因很簡單，就是能夠明白彼此的需求，進行有效的溝通，雙方都能站在對方角度看待問題，找到了彼此可以交換的利益，最終各取所需，各有所得。

善用謀略讓你的生活更有機會

思考，讓我們追求更高的生活層次，不管是心靈的或者物質的。我們該好好運用，不要只停在原地嘆氣。

生活中很多事實告訴我們，周遭環境帶給自己的優勢，往往可以提供成功所需的要素。只要我們懂得思考，懂得掌握地勢之利，就可以如魚得水，也比別人容易成功。有「思」才有「謀」，有謀才有成就。空有機會，不去思考，停留在原地踏步、自怨自艾，一切都只是白費。

從前，蒙古人都過著逐水草而居的游牧生活。有一個旅行僧，徒步行走各地，每天過著快活的日子。有一次，他路過一片草原區，看見一個牧民愁眉苦臉地坐在石頭上，手裡還拿著一條馬尾巴，便好奇地上前詢問。

「發生了什麼事？為什麼你看起來如此悲傷？」

「天底下最不幸的事都發生在我身上了。」牧民傷心地說：「之前的怪病讓我的馬死到剩下一隻，但是，就在昨晚，我的最後一匹馬竟被狼給吃了，只剩下一條尾巴。沒了馬，我要怎麼活下去啊？」

旅行僧聽了很同情，就告訴他：「把馬尾巴給我，我保證幫你換回一匹活生生且比原先更好的馬來。」

牧民雖然不太相信，但還是把馬尾巴給了他。

旅行僧拿著馬尾巴來到一個村子裡，那裡住著一個貪婪且無情的大地主。他在大地主的帳棚附近找了一個狐狸洞，將馬尾巴塞進洞裡，等大地主騎著快馬疾馳而來時，便緊緊抓著馬尾巴，裝出使勁的模樣。

大地主看到旅行僧奇怪的行為，就停下來問他：「你在這兒做什麼？幹嘛抓著一條馬尾巴不放？」

旅行僧煞有其事地回答：「我在這兒牧馬，一不小心，馬兒竟然鑽進洞裡了，幸虧我動作快抓住了尾巴，否則就要白白丟掉一匹好馬。我現在正想辦法把牠拽出來呢！」

大地主心裡想著，是怎樣的一匹馬有辦法鑽進洞裡呢？於是問旅行僧：「你那匹馬有多好？」

僧人說：「我這匹馬可是隻神馬啊！牠跑得比風還快，在雨點還沒打到身上之前，就能繞國土七圈。」

大地主頓時起了貪婪之心，馬上變臉斥喝：「是誰允許你在我的土地上牧馬的？馬上給我滾開。」

「好歹讓我拉出馬來，沒有馬代步，我的腳走得都磨出水泡來了！」旅行僧苦苦哀求著。

大地主急於得到神馬，便對旅行僧吼著：「你騎著我的馬趕快離開，以後不准出現在我眼前。」

旅行僧裝出一副不捨的模樣，將馬尾巴交給大地主，騎著馬離開了。不久，旅行僧回到牧民面前，將馬交給他，隨即哼著歌走遠了，留下不敢置信的牧民。

日本極具影響力的思想家，慶應大學的創辦者福澤諭吉曾說：「不道德者雖然能偽裝成道德者，但是愚者卻不能偽裝成智者，這就是世上為什麼偽君子多而偽智者少的緣故。」

想教訓貪婪的僞智者，有時候就必須投其所好。旅行僧可以如此容易將大地主的馬騙到手，就是洞悉人性，利用地主的貪婪之心，讓他自已奉上良馬來。

同樣的道理，在職場上，如果能了解同事不同的個性、喜好和特長，熟悉主管的作風、脾氣和好惡，然後採取不同的相處模式，不僅可以和諧地與人交往，工作也能穩定，進而受到歡迎。

只要受人歡迎，自然而然的，得到的幫助也會跟著增加。

人類之所以成爲萬物之靈，是因爲擁有思考的能力。思考，讓我們追求更高的生活層次，不管是心靈的或者物質的，既然如此，我們就該好好運用，不要只停在原地嘆氣。善用謀略，會讓你的生活擁有更多機會。

能言善道更容易行銷

語言是與客戶交流的媒介，任何推銷活動首先必須用語言搭起橋樑，進而展開商業活動，最終達到銷售的目的。

能言善道在現代社會爲人處世當中，堪稱是一項必備的技能，會說話的人當然比較吃香。相對的，在商場上闖蕩，會說話、懂得說話的藝術，也能夠發揮重要的促銷作用。

語言交流是商業行爲的開端，這個頭起得好或不好，將會直接影響交易的成敗。話說得巧妙、恰當，自然能夠拉近與客戶之間的距離，對於業務的拓展將更有幫助。

某個公司的幾位年輕銷售人員在一次化妝品展售會上，運用十分專業的語言將公司產品原料、配方、功能、使用方法，向顧客進行詳細的介紹，讓前來參觀的客人留下非常專業的印象。他們在回答消費者提出的各種問題時，不僅對答如流，而且彬彬有禮、幽默風趣，深深地吸引了消費者。

消費者好奇地問道：「你們的產品真的像廣告中所說的那麼與眾不同、那麼優秀嗎？」

一位銷售人員幽默地回答：「您試過之後的感覺，會比廣告上說的更好。」

消費者又問：「那如果我買回家去，試過以後卻不像你說的、廣告說的那麼好，該怎麼辦？」

另一位銷售人員笑著回答說：「此時，我們正在想像您為之陶醉的表情。」

無疑地，這次展售會相當成功，產品的銷量不僅超過以往，品牌的知名度也大大地提升。在公司的檢討會上，經理特別強調銷售人員語言訓練的重要性，在往後的銷售技能培訓上，更加注重「說話」的能力訓練。

從事行銷工作的人，說話一定要掌握好尺度，什麼時候該說什麼話，應該怎麼表達，要更加講究技巧，如此一來，才能抓住顧客的心，讓他們心甘情願掏出錢來消費。

一個賣布料的營業員小張很會做生意，每個月的銷售額都高出其他營業員一大截，有人問他原因：「你這麼會做生意是不是有什麼高超的技術，是因為你都將產品形容得天花亂墜嗎？」

他回答說：「不是。」

一天，一位顧客站在櫃檯前左顧右盼，不時用手摸摸櫃檯上的布料，但卻一直沒有開口詢問價格。

小張根據自己的經驗，判斷這位顧客有購買布料的意思，便主動上前去說：「這塊料子很不錯，但我告訴您，只要仔細看看就能發現，它染色的深淺不一致，如果我是您，就不要這一塊，買那一塊。」

說著，他就從櫃檯上抽出另一匹布料，展開之後接著對顧客說：「這塊布料搭您的膚色真適合，而且只比您剛才看到的那種每尺多幾十塊錢，是不是買這塊比較划算？」

顧客被小張的熱情、坦誠打動了，就買下他推薦的那塊布料。

語言是人與人交流的一種工具，能夠促進感情和思想的交流，增強人際關係的和諧。只要人際關係沒問題，再怎麼困難的事情都能迎刃而解。

對於銷售人員來說，語言更是與客戶交流的媒介，任何推銷活動首先必須用語言搭起橋樑，進而展開商業活動，最終達到銷售的目的。

商場上，生意能否談得成，就要看你是否懂得怎麼說話，如果讓顧客覺得你是將心比心地站在顧客的立場爲他精打細算，那麼就能降低對方的戒備心態、防禦心理，讓他產生認同感，進而促成交易。

埋怨別人不如檢討自己

戰勝困難容易，超越自我卻非易事。充分地認識自己、瞭解自己，才能調整心態往積極的方向發展，進而創造一個良好的發展環境。

工作中不要只知道抱怨上司，卻對自己的錯誤毫無所覺。

如果你認爲別人老是刁難你，不妨適時檢討一下自己，反省自己以往的工作表現，不足的地方應及時改正，如果不清楚自己的表現情況，不妨向同事或上司虛心請教。

處理人永遠比處理事情困難，唯有與上司有良好的溝通，工作才能順利進行，工作的氣氛才會越來越好。

千萬不要凡事都指責上司，抱怨他不給你機會。

某家貿易公司的一名員工對自己的上司很不滿意，經常對朋友抱怨說：「我的上司根本就不把我當一回事，總有一天我要讓他好看！」

有一天，他的朋友反問他：「那你對你自己的表現滿意嗎？對你們公司的業務都很熟悉嗎？」

他回答說：「還不太清楚，但我覺得我已經把我的本份工作做得很好了。」

朋友建議說：「我建議你最好把關於國際貿易的技巧、商業文書等相關事務好好研究一番，再與你們經理坐下來好好聊一聊，看看你在經理的眼裡是什麼樣子，再聽聽他對你的期望和要求，心平氣和、理性地談一談，如果你們交流之後你還是覺得自己不適合待在這家公司，再辭職也不遲啊。」

他點頭贊同了朋友的看法，回到公司之後改變了自己的以往的工作態度，勤懇地學習公司業務。

不久之後，經理把他叫進辦公室肯定地對他點點頭，把一項非常重要的工作交給他處理。

他不解地看著經理，經理為他倒了一杯茶，接著對他說：「我相信你現在的能力了，所以把這項任務交給你辦我很放心了，大膽地去做吧，做出點成績來給我看看。」

他謙虛地說：「可以問問為什麼以前……」

經理說：「其實以前我也在時時地注意你，只是你太浮躁了，只知道怪罪別人，卻不懂得檢討自己，這樣的員工不是我們想要的，我不能把重任交給這樣的人。現在你成熟了，該是獨立完成任務的時候了。」

現在，他終於明白了經理的用意，同時也感到自己以往只會抱怨別人的行為是多麼幼稚，因而在心中默默下定決心要將工作做到最好，不再辜負經理的一片苦心。

很多人失敗，通常是輸給自己，而不是輸給別人。

現實社會中，到處都可以見到在職海中載沉載浮的上班族。這是因爲，大多數人都太自以爲是，只會抱怨別人，卻不知道檢討自己；既高估自己，又低估別人；既不知道該如何溝通，也不知道該如何才能讓自己更快出人頭地。

溝通是聯繫上級與下屬的重要紐帶，將紐帶的兩端繫好，才能發現自己的不足以及優異之處，也才能夠適時改進缺點、發揚優點，將工作做得盡善盡美，替自己的未來鋪設一條康莊大道。

戰勝困難容易，但是超越自我卻非易事。

越沒本事的人，越不知道自己有幾兩重，也越不懂得和別人溝通，既不會做人，也不會做事。一個人只有充分地認識自己、瞭解自己，才能調整心態往積極的方向發展，進而創造一個良好的發展環境。

讓事實和道理說話

言之有理，就可以發揮強大的威力。勸導說理要具體實在，只要事實確鑿，對方的觀點就會不攻自破。

「動之以情，曉之以理」，是與人溝通兩項最基本的原則。「動之以情」是以情感人，著重於溫情攻勢，至於「曉之以理」則是以理服人，提出事實、講述道理，讓對方從你說的道理當中有所領悟，進而接受你的意見，按照你的建議行事。

中國大陸解放初期，有一天，某位市長來到市內一家紡織工廠，笑著對廠長說：「老闆，我冒昧來訪，歡迎嗎？」

這位老闆正為了一件事發愁，便發起牢騷，說道：「市長，今天工會又來要我廢除『抄身制』。現在即使工人下班前有抄身、搜身，工廠還是經常遺失紗布，如果取消抄身制度，紗廠不被偷光才怪！」

市長品了口茶，不急不緩地說：「我在法國當過工人。那個工廠規模很大，工廠四周築起高牆，拉上電網，還雇了一大幫荷槍的員警，對每個下班的工人從頭搜到腳，身上連一根針也藏不住。但結果呢？原料、零件還是大量遺失，為什麼呢？」

老闆疑惑地搖了搖頭，市長繼續說：「因為那個老闆只把工人當成工具，勞動量大，工資卻很少，工人實在難以養家餬口。既然工廠賺錢與否對工人毫無好處，那他們為什麼不拿工廠的東西？然而現在情況不同了，工人翻身成了主人，他們知道要先強化生產與經營，自己的待遇才能改善。所以，以我之見，你不妨在紡織業裡帶頭廢除『抄身制』，關心工人利益，待工人如朋友，遇到困難多與他們商量，我相信眼前的困難一定能夠克服。」

老闆聽了連連點頭。

第二天，他就主動向工會申請廢除「抄身制」。

那位市長的一番話，讓當時中國資本家奉行的「抄身制」取消了，足見勸說有術，言之有理，就可以發揮強大的威力。

勸導說理要具體實在，不能光講空話、大話，需要的是事實論證。以理服人最重要的一點是提出事實，只要事實確鑿，對方的觀點就會不攻自破。

勸說之時，必須切中要害。

被勸說的一方往往對於某個問題想不開或是懷有成見，想要成功說服他，就必須對準這個要害切入。否則，只會流於喋喋不休，縱使磨破了嘴皮，也是隔靴搔癢，不能眞正解決問題。

只要成功扭轉對方的觀點，還有什麼事情搞不定呢？

拉近心理距離從讚美開始

讚美具有一種神奇的魔力，它能讓干戈化為玉帛，讓尷尬化於無形，拉近與陌生人之間的心理距離。

用誠懇的態度，熱情洋溢的話語來讚美對方，不僅能表現出自己的涵養、友善，迅速博得對方好感，還能讓對方感到自我價值受到贊同、認可。人受到讚美的時候，會認爲自己內心深處有著與對方相通的地方，進而產生共鳴，渴望與對方拉近感情，深入交往。

印尼前總統蘇加諾是個外交好手，有一次他訪問中國大陸，在廣州為他舉行的歡迎會上，對在場的年輕人說了這樣的一番話：「今天，我和大家見面，感到非常幸福，你們年輕人是民族的希望，未來的建設者，未來的主人翁。青年人是多麼幸福啊！印尼有很多神話，其中有一篇說到一棵神樹，這棵樹被稱作『願望之樹』，誰要是站到神樹的下面，說出自己的願望，那麼，他的願望就能夠立即實現。假如，現在我能夠站到這棵神樹下，來了一個神仙問我說：『喂，蘇加諾，你想要什麼？你有什麼要求？』我就會告訴他：『我希望恢復我的青春。』」

蘇加諾針對年輕的聽眾，熱情地歌頌他們擁有的寶貴青春，這些誠摯的肺腑之言，一方面激起了聽眾的自豪，另一方面使聽眾認為這個演講者和藹可親、值得信任，拉近了感情也增進了友誼。

在這個互動頻繁且情勢變化快速的現代社會，人際關係就像一把雙面刃，必須學會說話做事的各項技巧，確實運用於每個有助於自己高升的場合。

懂得說話藝術，把話說得恰到好處，就能左右逢源。相反的，要是既不關心說話對象，又不懂說話的藝術，便註定處處屈居下風。

在某些特定的場合，對陌生人直接的讚美會顯得矯揉造作、有失妥當。不妨盛讚與對方密切相關的其他事物，藉此表達自己對於對方眼光獨到、經營有方的欣賞，這將會讓對方倍感自豪，興致大發，如此便能拉近了與陌生人之間的心理距離。

讚美具有一種神奇的魔力，它能讓干戈化爲玉帛，讓尷尬化於無形，讓陌生走向友誼。

智謀經典

60

做人多用心，做事更順心：說話辦事篇

作　　者　左逢源
社　　長　陳維都
藝術總監　黃聖文
編輯總監　王郡凌
出 版 者　普天出版家族有限公司
新北市汐止區忠二街 6 巷 15 號
TEL / (02) 26435033 (代表號)
FAX / (02) 26486465
E-mail：asia.books@msa.hinet.net
http://www.popu.com.tw/
郵政劃撥 19091443 陳維都帳戶
總 經 銷　旭昇圖書有限公司
新北市中和區中山路二段 352 號 2F
TEL / (02) 22451480 (代表號)
FAX / (02) 22451479
E-mail：s1686688@ms31.hinet.net
法律顧問　西華律師事務所・黃憲男律師
電腦排版　巨新電腦排版有限公司
印製裝訂　久裕印刷事業有限公司
出 版 日　2023 年 4 月第 1 版
ISBN◉978-986-389-863-4　　條碼 9789863898634

國家圖書館出版品預行編目資料

做人多用心，做事更順心：說話辦事篇／
左逢源著.—第 1 版.—：新北市,普天出版
2023.04 面； 公分. - (智謀經典；60)
ISBN◉978-986-389-863-4 (平裝)

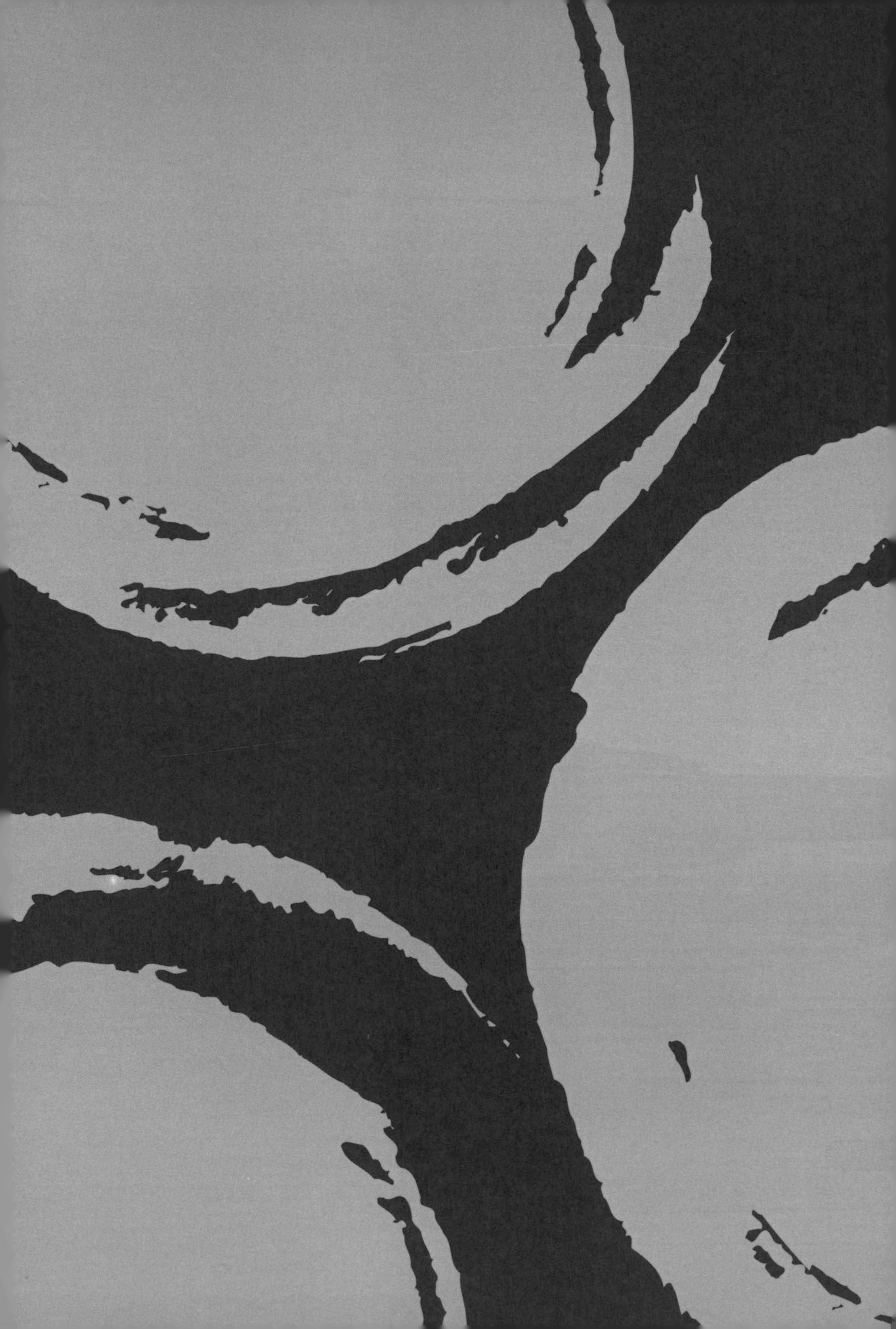

普 天 之 下 · 盡 是 好 書
普天 出版家族
Popular Press Family
凌雲 A-Plus Creative Company 文創